これで解決！

会社の承継＆相続税

プロが贈る7の処方箋

税理士 坪多晶子 ＋ 弁護士 江口正夫【著】

清文社

はじめに

　情報が瞬時に広がるこの激動の時代の金融危機連鎖で、世界経済が混迷を極めていましたが、ようやく日本経済にも光明が見えてきたようです。しかし、まだまだ厳しい時流の中で企業をどう発展させるか、どう承継させるかということは、中小企業の経営者にとっては大きな悩みです。殊に企業をゼロからスタートさせ、成長軌道に乗せた創業経営者や、中興の祖として企業を大きく成長させた経営者にとって、会社の将来はもちろんのこと、家族の相続問題にも関わる会社の承継は、人生の仕上げとして真剣に取り組まなければならない最大の課題です。

　ところがその解決には、戦前の家督相続の時代と異なり民法では機会的に平等な共同相続が原則とされている「遺産分け」と、税制改正で強化された「相続税・贈与税」という大きな2つの問題がそびえ立っているのです。生前にしっかり対策をしておかないと、会社の承継はますます困難になると思われます。

また、相続税の改正ですが、いよいよ平成27年1月1日以後の相続等から基礎控除が引き下げられるとともに、税率構造が見直されます。それに伴い、子どもや孫等に対する贈与税が暦年課税と精算課税の両制度において緩和され、「教育資金の一括贈与の非課税特例」の創設や「事業承継税制の要件緩和」等の減税も行われます。さらに、個人番号制がいよいよ平成28年から導入され、日本は個人・法人とも所得の透明化に向け大きく変貌を遂げようとしています。

このような高額所得者や資産家への増税の流れの中、税理士と弁護士が長年にわたって解決してきた会社の承継方法を多くの人に理解し実践していただくため、2人がタッグを組んで本書を出版させていただくことになりました。本書は7つのストーリーから構成されており、よく起こり得る相談事例を題材に、税理士と弁護士が難問に直面した相談者の会社の承継&相続税についての悩みを解決していく筋立てです。

本書は会社の承継&相続税の原則をしっかり踏まえ、工夫をこらしたさまざまな対策を問ごとに数多く盛り込んでおり、さらに、幸せな会社の承継となるためのポイントもわかりやすくまとめています。数多くの相談事例を解決してきた異なる専門分野を有する2人の著者が贈る7のストーリーで、会社の承継&相続税の悩みを明るく楽しく元気よく解決していただき、会社の承継に成功して繁栄を続けるとともに、皆様ご自身やご家族も含めた、より多くの方々が幸せな未来を築かれる上で、本書が少しでもお役に立てれば幸いです。

平成26年1月

税理士　坪多　晶子
弁護士　江口　正夫

目次

I 会社承継の基本についての処方箋

II 自社株評価の基本についての処方箋　33

緒方社長は会社の承継に当たり自社株式の評価がわからず困惑

・緒方社長のケース

Ⅲ 自社株式承継についての社長交代による処方箋 77

Ⅳ

会社承継を納税猶予で解決する処方箋

Ⅵ 種類株式の活用で会社の承継に成功する処方箋 203

経営権の確保と会社の承継を種類株の発行により解決する

・原社長のケース

Ⅶ 自己株買いや組織再編で承継に成功する処方箋 247

※おことわり

本書の7つの相続ストーリーに登場する人物や団体等は、すべて仮名であり実在のものとは一切関係ありません。

7の処方箋を贈る解決役プロフィール

西園寺　あき　税理士（46歳）

クライアントの願いを形にすることに情熱を燃やす大和なでしこの税理士である。明るい元気な雰囲気からは想像できないほどの緻密で行き届いた提案をするとともに、それを実行に移すバイタリティには定評がある。最前線の情報・知識を得るための不断の努力に裏付けられた明快な解説と得意分野である相続や会社の承継・不動産に係る税金問題に関して経験豊富な人気者である。

東山　正彦　弁護士（51歳）

クライアントの悩みを解決する心から頼れる弁護士である。そのやさしい知的な風貌から想像できない交渉力の力強さには定評があり、何よりも人の弱みに付け込む人間性を嫌い、まっとうに生きる人にとっては最高の応援団長である。専門的すぎることのない依頼者の立場に立ったわかりやすい説明と、得意分野である相続や会社の承継・不動産の諸問題に関して経験豊富な人気者である。

I

会社承継の基本についての処方箋

西田社長は長男への承継を真剣に考え始めた

西田社長は今まで仕事一筋で創業した会社を大きくしてきました。苦労の成果である会社の技術力や創造力を、なんとか後継者である長男に引き継がせたいと考えています。今までは目の前のことに精いっぱいだったのですが、4人の子どもの相続のことを考えると、さまざまな問題があるといわれ、どうしたら会社の承継がうまくいくか、真剣に考える時期が来たと気がつきました。

西田社長のケース

西田幸司さんは、東京都江東区で江戸時代に創業した材木屋の3代目です。現在は社名を東京建設株式会社と改め、ビルやマンションを建設する中堅の不動産開発会社となっています。家族は、妻はすでに10年前に亡くなっており、後継者である長男の寛と、次男の健、長女の典子、三男の大の4人の子どもたちがいます。寛の妻の和子が会社の経理・総務を全般的に担当してくれ、長男の寛は営業を先頭に立って引っ張ってくれており、社業は順調です。

ところが、先日友人である千葉建設の社長が急死し、相続で子どもたちが争いになり、会社が混乱しているとの話を聞き、自分に相続が起こったときのことが心配になってきました。もし、自分に万が一のことがあっても、長男の寛が自分の後を継ぎ、寛の妻の和子がそれをサポートしてくれれば、お客様と従業員を守って、会社の承継がうまくいくのではと思っていたのですが、相続でもめ、千葉建設のようになると困るので、今のうちに何か手を打っておこうと思い立ちました。

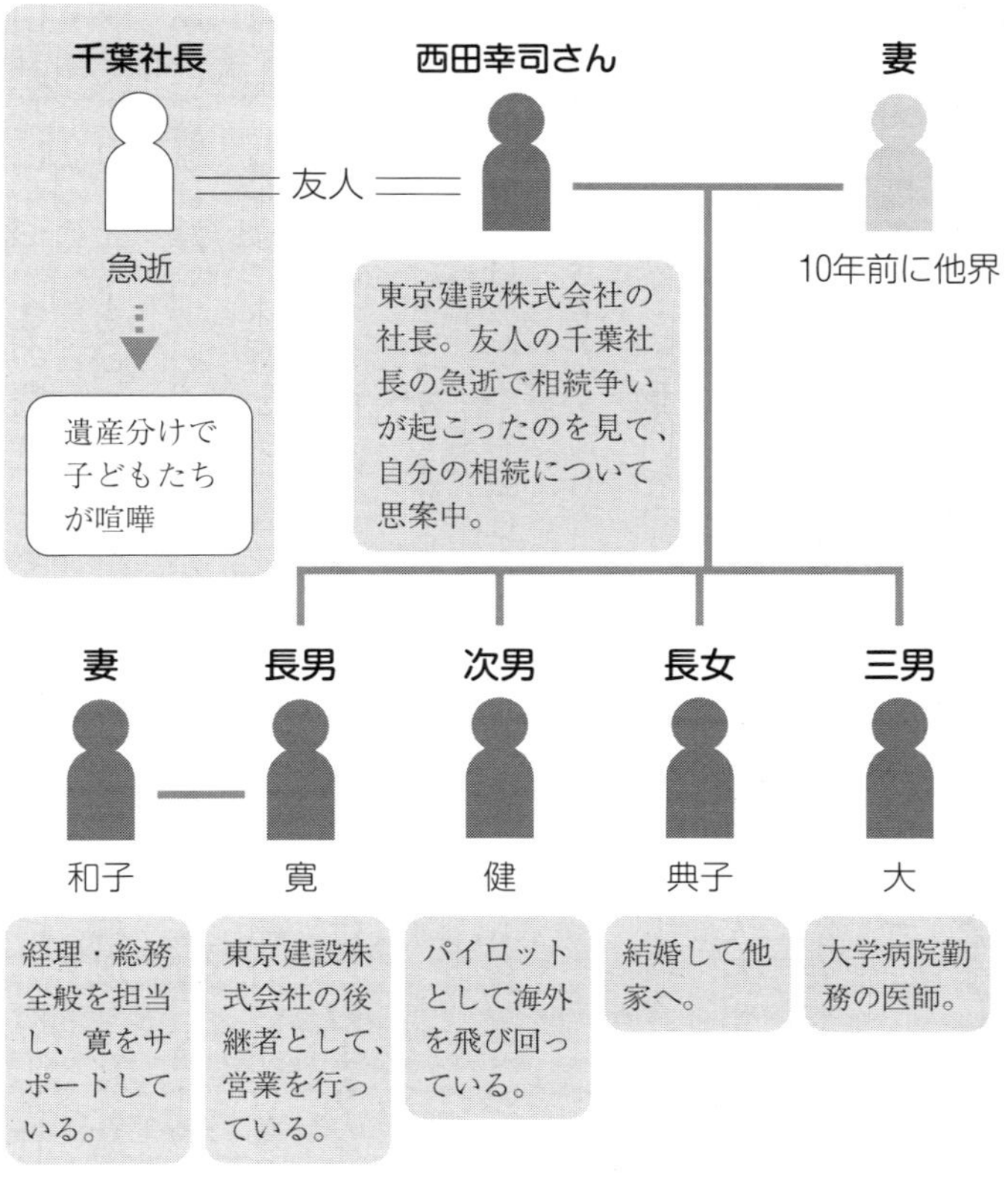
千葉社長
友人
急逝
遺産分けで子どもたちが喧嘩
西田幸司さん
東京建設株式会社の社長。友人の千葉社長の急逝で相続争いが起こったのを見て、自分の相続について思案中。
妻
10年前に他界
妻
和子
経理・総務全般を担当し、寛をサポートしている。
長男
寛
東京建設株式会社の後継者として、営業を行っている。
次男
健
パイロットとして海外を飛び回っている。
長女
典子
結婚して他家へ。
三男
大
大学病院勤務の医師。

西田社長は、ついこの間までよく一緒に飲みに行っていた千葉社長が急に亡くなり、とてもびっくりしています。さらに、跡取りの長女夫婦とすでに他家に嫁いでいる次女とが壮絶な遺産争いを続け、会社の業務も中断し、お客様に迷惑をかけるばかりでなく、千葉建設の先行きさえ怪しくなってきたのを見聞きし、東京建設株式会社にはこのようなことが起こらないようにと今から手を打つことにしました。

そこで西田社長は、いつも会社の法律相談に乗ってもらっている東山弁護士に連絡をしました。

「東山先生ですか？　お久しぶりです。これまで先生に会社の法務のことで相談に乗ってもらっていましたが、今日は私個人の相続についてご相談したいと思って、お電話させていただきました。今度東山先生の事務所にお邪魔させていただいてもいいでしょうか？」

と尋ねられた東山弁護士は、早速スケジュールの確認をしました。

「西田社長なら、いつだって大歓迎ですよ。今週の金曜日の午後なら時間が取れますので、事務所にお越しいただければと思います。」

ちょうど好都合な日程だったので、西田社長は早速その日に、東山弁護士の事務所に向かうことになりました。

――金曜日の午後2時――

西田社長が東山弁護士の事務所を訪れました。

「先生、今日伺ったのは私の相続についてご相談したかったからです。この前、先生もご存知の千葉社長が急死され、遺産分けでもめているのを目の当たりにし、私もそろそろ会社の承継のことを真剣に考えなければと思ったのです。」

と西田社長は早速相談を始めました。

東山弁護士はにっこりほほえみ、

「会社の経営者は個人の方に比べると、お客様や従業員のことなど重い責任を負われています。会社の承継のことを考えるのに、早すぎるということはありません。」

と西田社長の緊張をやわらげながら話を促しました。

「私は妻を亡くしていますので、私の遺産は子どもたち4人が相続することになると考えています。でも、何といっても先祖から承継した東京建設株式会社については、私の代だけではなく、私の死後も子どもが引き継ぎ、その後もずっと守り育ててほしいと考えているのです。」

西田社長は、最近になって考え始めたことを熱心に話し続けます。

「東山先生もご存知だとは思いますが、子どもたちの中で東京建設株式会社を承継させたいのは、今、私と一緒に会社を盛り立ててくれている長男の寛しかいないと思っています。次男の健はパイロットとして海外を飛び回っており、会社の承継なんか望めそうもないし、長女の典子は結婚して他家に入り、嫁ぎ先の会社の経理をしています。今さら東京建設株式会社の業務をしてくれといっても、相手の会社が承知しないでしょう。三男の大は現在、ドクターとして大学病院に勤務しており、将来的には開業する予定です。

そこで、会社の後継者に長男の寛を指名し、寛の妻の和子にサポートさせて、東京建設株式会社の将来を託すつもりです。私には東京建設株式会社の株式と建物以外にも、多額ではありませんが預貯金と有価証券もあります。これらを寛以外の3人の子どもに相続させて、東京建設株式会社の株式とその本社敷地は、後継者となる寛に相続させたいと思っております。そのためには、どうしたらいいのでしょうか。」

相談を受けた東山弁護士は、西田社長には相続人が多いので、そう簡単には社長の思いどおりにならない気がしました。なぜなら、世界中を飛び回っている健さんや嫁いだ典子さんも、ある程度、相続財産に期待している可能性があるからです。

「現在の法律では相続は、原則として、民法の定める相続人が、民法の定める割合による相続分に従って遺産を分割することになっています。西田社長の場合、相続人は4人のお子様ですが、4人の相続分は平等ですから、各自は4分の1の相続分を有しています（9ページ〈西田家の法定相続分割合〉参照）。」

と相続の基本原則を西田社長に説明しました。

〈西田家の法定相続分割合〉

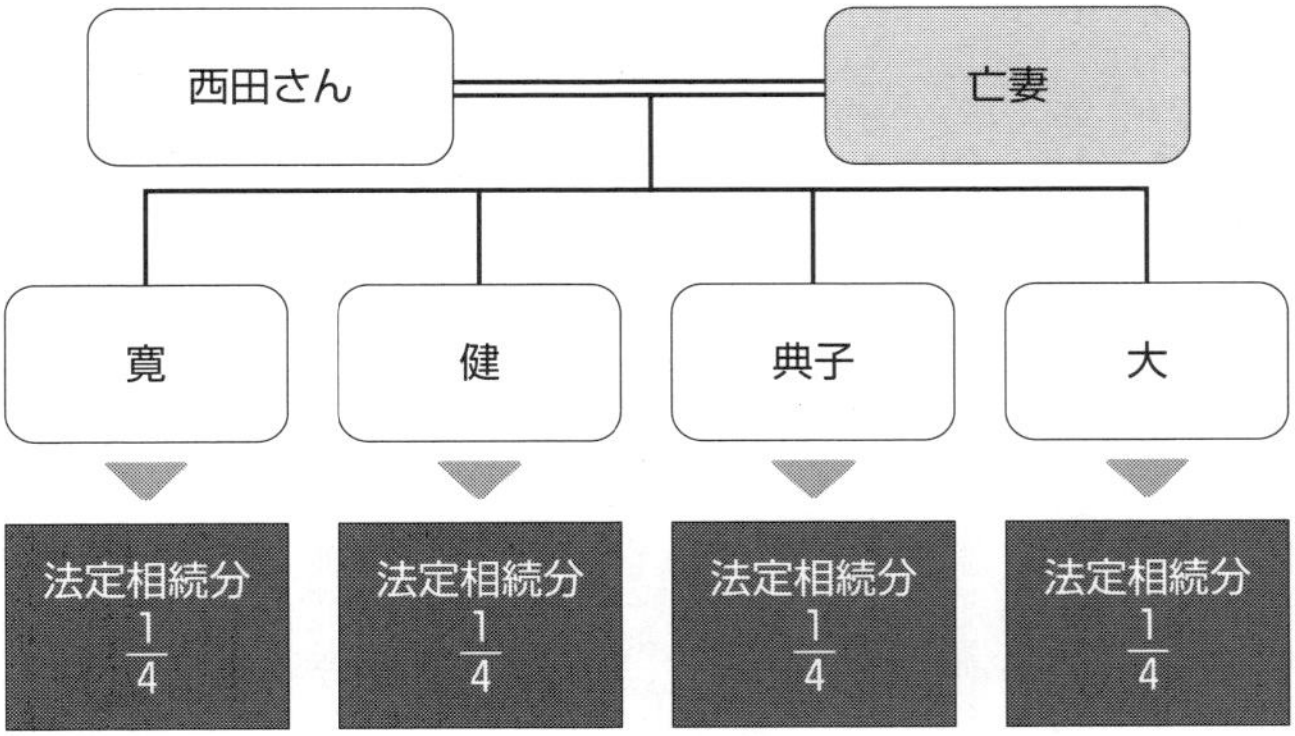

〈法定相続分〉

第１順位	配偶者と子が相続人の場合	配偶者 $=\frac{1}{2}$ 子 $=\frac{1}{2}$
第２順位	配偶者と直系尊属が相続人の場合	配偶者 $=\frac{2}{3}$ 直系尊属 $=\frac{1}{3}$
第３順位	配偶者と兄弟姉妹が相続人の場合	配偶者 $=\frac{3}{4}$ 兄弟姉妹 $=\frac{1}{4}$ ＊父母の一方のみを同じくする兄弟姉妹（半血兄弟姉妹）の相続分は父母の双方を同じくする兄弟姉妹の$\frac{1}{2}$
第４順位	配偶者しか相続人がいない場合	配偶者が単独で相続
第５順位	配偶者がいない場合	子、直系尊属、又は兄弟姉妹のみが相続

そしてさらに、東山弁護士は続けました。

「西田社長にとって最も理想的なのは、社長の財産のうち東京建設株式会社の株式とその本社敷地を寛さんが相続し、健さん、典子さん、大さんが残りの預貯金と有価証券とを相続した結果、それぞれの取り分が社長の相続財産の4分の1になっているという場合です。」

西田社長は困った顔をして答えました。

「実は先生に相談に来るにあたり、東山先生もご存知の西園寺税理士に依頼して、ある程度の財産調査と相続税評価をしてもらいました。これが私の相続財産の一覧表です。時価ではどうなるかはわかりませんが、この相続税評価額による調査においては、寛が相続する予定の自社株式と本社敷地だけで遺産総額の約7割を占めています。一体どうしたらいいのでしょう。」

すると東山弁護士は頭を振りながら、

「では、各自の法定相続分が4分の1ですから、民法に定める相続分のままだと、寛さんは自社株式と本社敷地を相続することはできませんね。ですが、相続は必ずしも民法の定める相続分の割合に従って行わなければならないというわけではないのです。民法では、被相続人が遺言で、民法の定める相続分とは異なる相続分を指定することを認めています。ですから、西田社長が、寛さんの相続分を増やす遺言を作成すること自体は可能です。」

と法律の定める相続分以外の割合で相続する方法を説明しました。

最初は困った顔をしていた西田社長ですが、聞き終えると安心して「それでは、私が寛の相続分を5分の4に指定するという遺言を作っておけば、問題は解決できるんですね。」

と確認しました。

東山弁護士は、専門家でない西田社長に理解してもらえるよう、ゆっ

〈遺言書の方式〉

自筆証書遺言	公正証書遺言	秘密証書遺言
・全文を自筆で作成し、日付・署名捺印 ・署名できない場合は作成不可	・公証役場で公証人に依頼して遺言書を作成 ・署名できない場合も作成が可能	・遺言書（自筆不要）を作成し、日付・署名捺印 ・公証人に筆者の住所・氏名を申述 ・署名できない場合は作成不可
誰にも知られず、１人で作成できる。 ＊遺言の存在は秘密 ＊遺言内容も秘密	公証役場で、公証人と証人２人の前で作成 ＊遺言の存在は証人が知る ＊遺言の内容も証人が知る	遺言書を１人で作成し、公証役場で公証人と証人２人の前で提出 ＊遺言の存在は明確 ＊遺言の内容は秘密
形式の不備・内容の不明確等による無効のリスクあり	公証人が作成するため無効のリスクは小さい	形式の不備・内容の不明確等による無効のリスクあり
偽造・変造・隠匿・未発見のリスクあり	偽造・変造・隠匿・未発見のリスクなし	・偽造・変造のリスクがない ・隠匿・未発見のリスクあり
費用がかからない	・公正証書作成費用が必要 ・遺産額に応じた累進	費用が一定額
検認手続が必要	検認手続は不要	検認手続が必要

くりと問題点の説明を始めました。

兄弟姉妹以外の相続人には遺留分がある

「確かに、遺言により寛さんの相続分を増やすことはできます。遺言は、遺言者の死亡と同時に効力を生じますので、西田社長がお亡くなりになった場合には、直ちに寛さんの相続分は5分の4に指定された効果が生じます。ですが、その遺言どおりになる場合もあれば、遺言どおりにならない場合もあるのです。」

西田社長は驚いて、思わず、

「それは、どういうことですか？」

と乗り出して質問しました。

東山弁護士は大きくうなずきながら
「西田社長のお子様たちが、後継者となる寛さんだけが、自社株式と本社敷地を相続することに納得するかどうかということです。なぜかというと、遺言は遺言者の死亡と同時に効力を生じるのですが、日本では遺言をしても奪うことのできない相続人の最低限の取り分として、『遺留分』というものが認められているのです。」
と日本で相続が発生した場合に、非常に問題となっている遺留分について説明しました。
西田社長は困惑しながら、
「私の相続に関していえば、具体的には、どういうことになるのでしょうか。」
と心配そうな顔で続けます。東山弁護士は
「西田社長のお子様は、各自4分の1の割合の法定相続分を有しています。このとき、西田社長が寛さんの相続分を5分の4に指定すると、残りの5分の1を他の3人のお子様が平等に分けることになりますから、各自の相続割合は15分の1になってしまいます。健さん、典子さん、大さんが、西田社長の遺言がそうなっているのなら仕方がないと納得してくれるのであれば、遺言どおりになります。

しかし、後継者となる寛さんだけが自社株式と本社敷地を相続することに納得がいかなければ、自分たちの最低限の取り分としての『遺留分』を、寛さんに対して請求してくることがあり得ます。」

西田社長はますます心配になり、

「遺留分というのは、どれくらいの割合なのですか。」

と疑問を投げかけます。

東山弁護士は、丁寧に西田社長に説明します。

「先ほどご説明したように、お子様方の相続分は平等に4分の1であり、遺留分はその2分の1について認められていますので、お子様1人当たり、西田社長の財産の8分の1について遺留分を持つことになります。これは、自社株式についても8分の1、会社所有の資産についても8分の1、預貯金やその他の財産についても各自8分の1の権利を持っているということなのです。」

「東山先生、遺留分の請求がなされたら、寛はどうなるんですか。」

さらに質問を重ねる西田社長に、東山弁護士は、

「そうなったら、寛さんは、これらに相当する財産を健さん、典子さん、大さんに渡すか、あるいはこれらに相当する金銭を渡すしかなくなりますね。寛さん以外のお子様たちが全員遺留分の権利を行使したとすると、自社株式について8分の3、会社所有の財産についても8分の3、預貯金についても8分の3を健さん、典子さん、大さんに渡さなければならないということになります。」

〈遺留分についての説明〉

①遺留分権利者の範囲	①配偶者、②第1順位の血族相続人（子や直系卑属）、③第2順位の血族相続人（直系尊属） ＊相続人のうち第3順位の血族相続人（兄弟姉妹）のみが遺留分を有しない。
②遺留分の割合	①直系尊属のみが相続人＝被相続人の財産の$\frac{1}{3}$ ②その他の場合　　　＝被相続人の財産の$\frac{1}{2}$
③遺留分減殺請求権	遺留分を有する相続人は、自己の遺留分を侵害する遺贈や贈与があった場合は、遺留分を保全するのに必要な限度で、遺贈や贈与の減殺を請求することができる。 ＊「減殺の請求」の内容は裁判実務では、遺留分を保全するのに必要な限度で遺贈や贈与が失効し、その対象財産は、遺留分の割合で遺留分権利者に帰属することになると解されている。

と遺留分減殺請求の効果について説明しました。

西田社長はこれを聞いて、

「うーん。寛にだけ多くの財産を相続させると、他の子が不満に感じて、その遺留分などを請求することはあり得るかもしれないなぁ……。それでは遺言を作るのはやめて、思い切って、自社株式を法定相続分どおりに子どもたちに分散して相続させることにするのは……やはり後継者の寛が、株主総会で自分の意向を通して経営していくことができなくなるから難しいか……。みんなが協力してくれれば何とかなるのだがね。」
と自問自答しつつ、どうすればいいかを考えていました。

株式の準共有は権利の行使に問題あり

東山弁護士は、そんな西田社長に対して次のようなアドバイスをしました。

「西田社長。株式を各相続人に分散して、法定相続分のとおりに相続させることのリスクをきちんと認識していただく必要がありそうですね。株式を各相続人に分散して相続させるということは、ただ単に株主総会の議決権で後継者が自分の意見を通すことができなくなるだけではないのです。」

西田社長は、一瞬驚き、

「それは、どういうことですか。」

と尋ねました。

東山弁護士はさらに説明を続けます。

「西田社長が万一、何も遺言することなく亡くなると、株式は相続人全員が法定相続分の割合で準共有することになる場合があるのです。西田社長の場合でいうと、お子様4人は各自4分の1の割合で株式を準共有することになります。」

西田社長は、その意味を確認します。

「私の会社の発行済株式総数は3000株ですが、私が2000株、寛がすでに1000株持っています。だから、子どもたち4人が各自500株を相続するわけですね。」

〈4人の子が相続人で遺言がない場合の株式の帰属〉

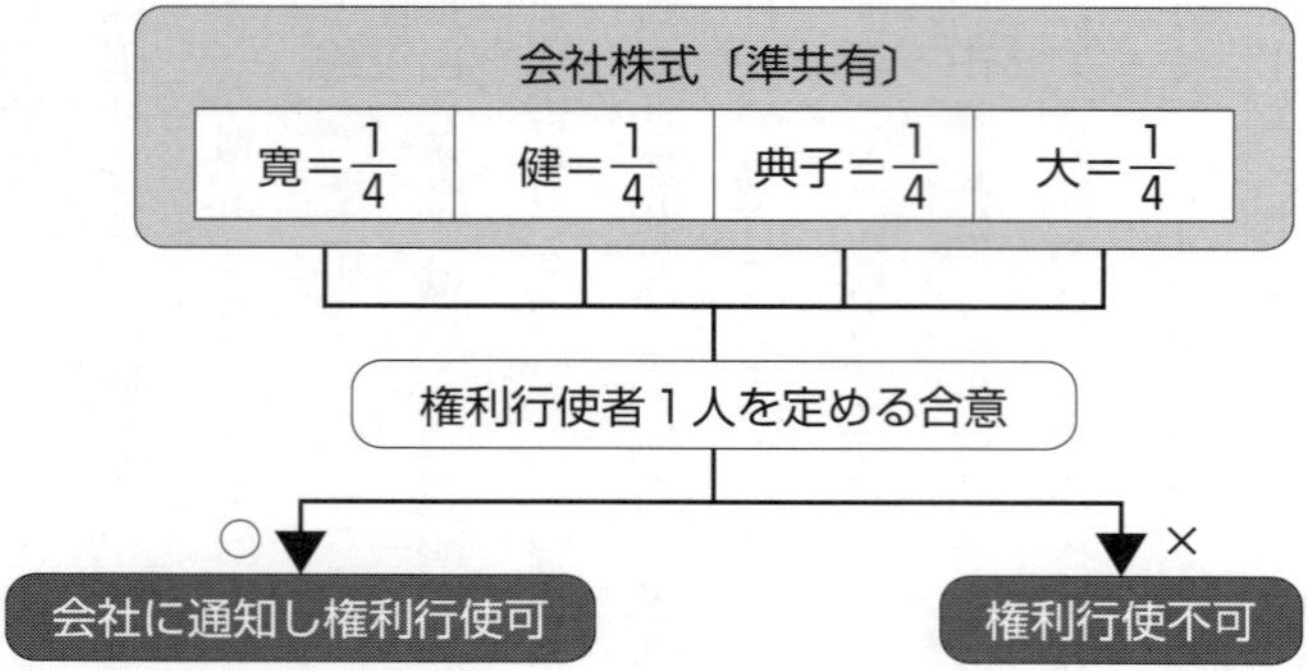

ところが、東山弁護士は首を横に振っています。

「違うのです。法定相続分の割合で準共有するという意味は、法定相続分の割合で株式を分けるという意味ではないのです。東京建設株式会社の株式が2000株あるとすると、1株を4人のお子様が各自4分の1の割合で準共有しており、そのような株式が2000個あるという意味なのです。

つまり、1株を皆が持ち合っており、皆が持ち合っている株式が2000個もあるということですから、そのままでは西田社長の相続人は後継者である寛さんを含め、だれも単独では株主権を行使することができなくなっているのです。」

西田社長は、これを聞いてびっくりして、

「それでは、株主総会で配当や役員の選任などを決議することもできないということになるのですか。」

と尋ねると、東山弁護士は、共有株式の権利行使の原則を説明します。

「何もしなければ、そうなってしまいます。ただし会社法では、株式の共有持分権者が『権利行使人』を定めて会社に通知すれば、その権利行使人が共有株式につき、株主としての権利を行使することができます。」

これを聞いた西田社長は、

「なんだ。それでは寛が権利行使人となって議決権を行使すればいいんですね。」

と、ほっとした様子でしたが、東山弁護士は、

「いいえ。必ずしも、そうなるというわけではありません。権利行使人をどうやって定めるのかが問題なのです。判例によると、権利行使人は共有持分の過半数で決定することとされています。過半数ですから、4人のお子様のうち3人の意思が一致すれば、権利行使人を定めることができます。仮に、寛さん以外のお子様たちが、寛さんが権利行使人となることに反対して、たとえば健さんを権利行使人にすることを合意すると、寛さんは異議を述べても効力がありません。

そして、その後に開かれる株主総会で、取締役選任議案において、寛さんを取締役に選任する議案に反対すれば、寛さんは経営陣から外されてしまうこともあり得ます。株式を共有とすることの最も大きな危険は、この点にあるのです。」

と共有株式の問題点を、西田社長にわかりやすく説明しました。

西田社長は、相続をきっかけとした会社の承継を考える際には、できるだけ株式を共有にしないようにしておくことが、とても重要な問題であることを認識した様子です。

贈与と遺言書の作成で相続争いを防ぐ

議決権をしっかり確保することが会社経営の要だと十分に認識した西田社長ですが、皆のいうように過半数さえ持っていればいいのか心配になってきました。

「東山先生、さまざまな会社方針を定めるには、株主総会の決議が必要であることはわかりました。どんな場合に、どのくらいの割合で議決権を持っていなければならないのですか?」

〈株主総会の決議事項の要件〉

①　**普通決議** （取締役の選任・解任、決算の承認等）	定款に定める場合を除き、総株主の議決権の過半数を有する株主が出席し、出席株主の議決権の過半数の賛成により成立
②　**特別決議** （定款変更、合併等、自己株式の取得、新株発行、相続人への売渡し請求、会社又は指定買取人による買取決議、事業譲渡及び解散、役員の責任免除等）	定款に定める場合（総議決権の$\frac{1}{3}$以上）を除き、総株主の議決権の過半数を有する株主が出席し、出席株主の議決権の$\frac{2}{3}$以上の賛成により成立
③　**特殊決議** （株式譲渡制限のための定款変更等）	議決権を有する株主の半数以上で、当該株主の議決権の$\frac{2}{3}$以上の賛成により成立
④　**人的種類株式に関する決議**	総株主の半数以上で、総株主の議決権の$\frac{3}{4}$以上の賛成により成立

との西田社長の質問に、東山弁護士は
「取締役の選任・解任、決算の承認等は議決権の過半数の賛成により成立しますが、定款変更や合併等又は自己株式の取得等は議決権の3分の2以上の賛成により成立しますので、会社の支配権を確保するためにはやっぱり3分の2以上の議決権を持つべきでしょう。」
と細かく説明をしました。
説明を受けた西田社長は深刻な顔をして
「いやあ、東山先生。何の手も打たずに相続が発生すると大変なことになるのですね。私はきっちり自分の財産を把握して、特に自社株式については、なんとか寛が3分の2以上所有できるようにしたいと思います。」
と答えました。
「そうですね、会社を後継者にきちんと承継させるためには、自社株式の保有が何より大事ですからね。私のお勧めは生前贈与です。生前に贈与で自社株式を寛さんに移転してしまえば、相続が発生したときに「他の兄弟が自社株式を相続したい」ということでもめることがなくなると思うからです。」

と東山弁護士は勧めてくれましたが、西田社長は首をひねって、

「確かに、生前に自社株式を贈与してしまえば争族対策になります。しかし、すべての財産について生前贈与するわけにはいきません。贈与せずに残った財産についてはどうすればいいのですか。」

と尋ねました。

「まさにそのとおりです。そこで重要になるのが、死亡後にも効果のある遺言書の作成です。遺言書は親から子どもたちへの最後の手紙です。生前贈与で早く渡せるものを渡し、遺言書で最後に遺すものを決めれば、生前に喜んでもらえた上に、相続争いを前もって防ぐことができ

るからです。」

と東山先生が笑顔で答えてくれました。

しかし、西田社長は相変わらず困惑した顔で、

「しかし、自社株式を寛に遺贈したり贈与したとしても、健や典子や大には遺留分があるんですよね。そこをちゃんと考慮しないといけないですよね。」

とつぶやいています。

東山弁護士は西田社長の顔をじっと見つめながら、

「遺留分を侵していても、他の相続人が異議を申し立てなければ問題はありませんよ。健さん、典子さん、大さんには、遺言で現金や他の財産を渡してやると約束して、納得してもらえばいかがですか？」

「それで3人は納得してくれるでしょうかね？」

と西田社長は相変わらず心配しています。

「そんなに心配ならば、一回、遺留分がいくらぐらいと想定されるか計算されてはいかがですか？

実は、生命保険金と退職手当金は受取人固有のもので、被相続人の相続財産ではないので、原則として遺留分の対象とはならないのです。西田社長は生命保険に加入したと前回おっしゃっていましたし、東京建設株式会社は内部留保がたくさんありますので、社長に万が一のことがあったとき、死亡退職金を支払うこともできます。

これらの生命保険金や退職手当金の受取人を寛さんに指定すれば、それらは寛さん固有のものとなります。それらを原資にして、健さん、典子さん、大さんの3人の遺留分に満たない額を代償財産として支払うという遺言書を作っておけば、3人が寛さんに、遺留分を払えと訴える可能性は低くなるのではないでしょうか。」

という東山弁護士の提案に西田社長は少し安心しました。

相続税の納税資金の手当ても必要

「いやあ、先生のお話を聞いて、やらなければいけないことがよくわかりました。今日お持ちした、西園寺税理士に調査していただいた財産明細書を東山先生にお預けしますので、遺留分の概算額を計算していただけますか。その遺留分相当額を確保した遺言書を先生に作ってもらえば、寛への会社の承継はうまくいくんですよね？」

と明るくなった西田社長の質問に東山弁護士は提案します。

「いやいや、あともう1つ問題があります。相続や贈与に当たっては、相続税や贈与税がかかります。これらをどうやって払うかが最後の難題になります。西田社長の場合、どのくらいの相続税がかかるのか、もし生前に贈与するのなら、その贈与税はどれくらいかかるのか、それらを考慮した上でさまざまな方策を実行しなくてはなりません。

お子様たちが納税に困ることのないように、納めなくてはならない税金をしっかり把握し、どのように納税するか考えておくことも、会社の承継を成功させるためには重要です。西田社長が財産調査を依頼された西園寺税理士は、非常に資産税に強いので、西園寺税理士としっかり相談した上で、遺言書を書いたり贈与をしたりすることを考えれば無敵ではないでしょうか？　西田社長、3人でスクラムを組んで西田社長の思いを実現しましょう。」

「いやぁ、お2人の先生方がタッグを組んで、私のために解決方法を考えてくださるなんてとても心強いです。」

と西田社長は大喜びです。

これからも2人の先生とよく話し合い、財産分けはもちろんのこと、節税にも気を配り、自分亡き後も東京建設株式会社がもっともっと発展できるよう、きちんと生前に手を打っておくことが、自分の社長としての最後の大仕事だと思いました。

西田社長は今後のスケジュールの打ち合わせも終わり、東山弁護士に見送られて安心した笑顔で帰途につきました。

ポイント

① 民法は後継者であっても自社株式であっても、法定相続分は平等である

② 兄弟姉妹以外の法定相続人には遺留分があり、被相続人の意思でも侵すことはできない

③ 株式の法定相続は準共有となり、代表者が議決権を行使する

④ 定款変更、合併、自己株式の買取り等重要な決議は、議決権の3分の2以上の特別決議が必要とされる

⑤ 生命保険金や死亡退職金を財源に、遺留分相当額を代償財産として支払う

⑥ 生前贈与と遺言書の作成で相続争いを防ぐ

Ⅱ

自社株評価の基本についての処方箋

緒方社長は会社の承継に当たり自社株式の評価がわからず困惑

中小企業のオーナーである緒方社長は、周りの社長が親族に会社をバトンタッチしているのを目の当たりにし、そろそろ自分も後継者にバトンタッチする算段をしなくてはと思ったのですが、非上場株式の相続税評価額が非常に高いのを知り驚いています。

緒方社長のケース

68歳の緒方昌也さんは大阪府で創業し、今や関西地方では著名な自動車部品を製造している中小企業（株式会社大阪モーターズ）のオーナー社長です。

家族は妻のさゆりと長男の隆史、長女の裕子の3人です。妻のさゆりは専業主婦で、まったく経営に関与していませんが、長男の隆史は自動車関係の商社で5年修業した後、将来、株式会社大阪モーターズの共同経営者になるために戻ってきました。長女の裕子は東京の医大を卒業した後、東京の大学病院で医師として勤務しています。緒方さんの会社は従業員たちも仲が良く、長男の隆史ともうまくいっています。また、長女の裕子も小児科医として将来を嘱望されており、家族関係は良好です。

ところが、同業者の社長会に参加したときに、社長の1人が最近相続を経験し、先代経営者からの自社株式の相続で遺産分けや相続税が大変だったと話しだしたところ、周りの社長たちが「自社株式を相続するって本当に大変だよな。換金価値もないのに評価だけは高いのだから。」と同調しました。後継者にとって必ず相続しなくてはならない自社株式について、相続税評価が高く相続税の負担が大変だと聞き、緒方社長は自分の会社の株式評価について非常に気になりだしました。

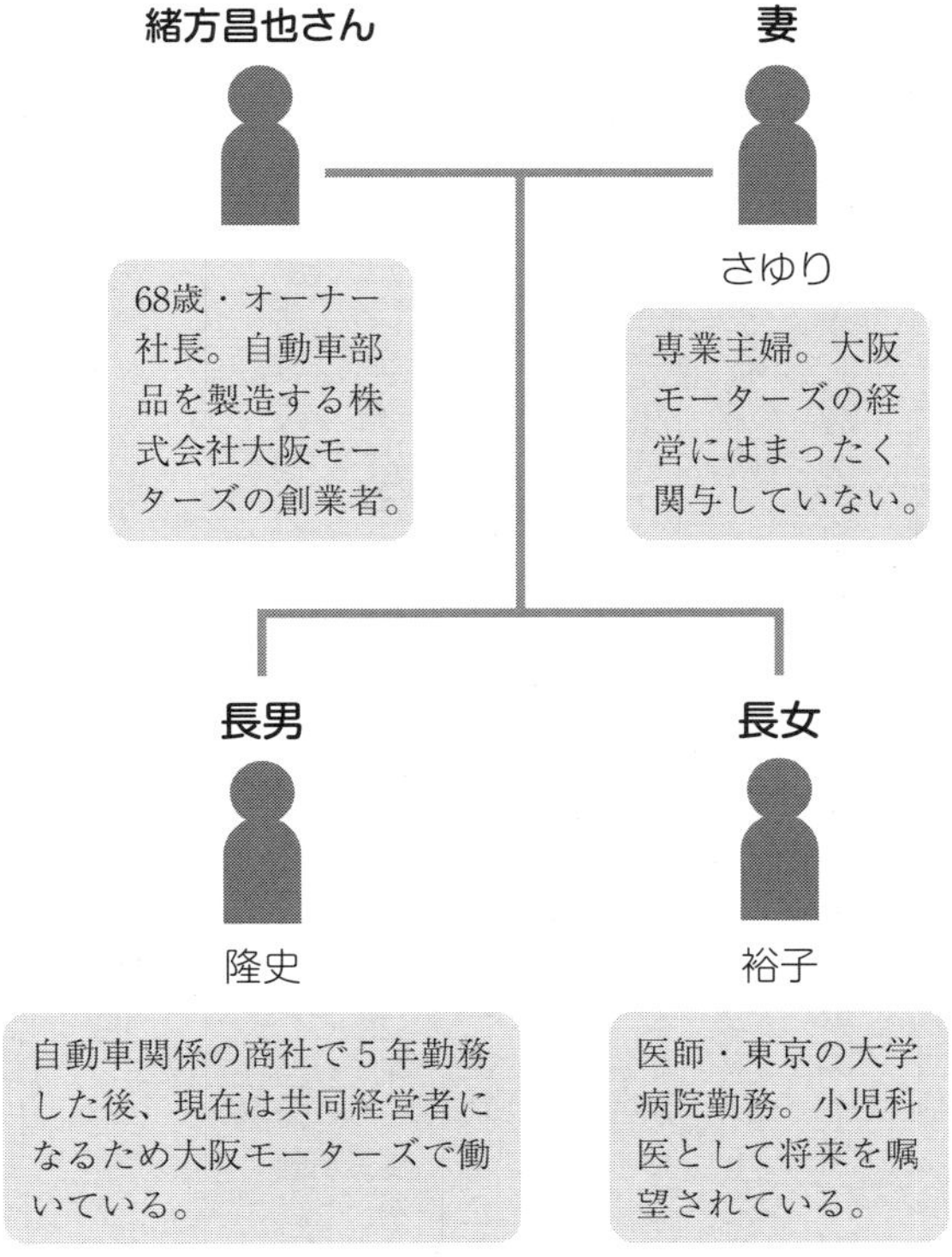
緒方昌也さん
68歳・オーナー社長。自動車部品を製造する株式会社大阪モーターズの創業者。
妻
さゆり
専業主婦。大阪モーターズの経営にはまったく関与していない。
長男
隆史
自動車関係の商社で5年勤務した後、現在は共同経営者になるため大阪モーターズで働いている。
長女
裕子
医師・東京の大学病院勤務。小児科医として将来を嘱望されている。

緒方社長は長年にわたって築き上げた信用を、何とか後継者である長男の隆史に引き継がせたいと願っています。社業もここ10年以上順調であったため、それなりの役員報酬を得ており、自宅の他に金融資産もある程度蓄えることができました。後継者たる隆史には、自社株式を相続させ会社を引き継がせる代わりに、妻のさゆりには自宅と金融資産の半分を、長女の裕子には金融資産の残りの半分を渡すことで、家族全員の了解は取っています。おかげさまで、家族3人が相続でもめることはないと安心していました。

ところが、同業者の会合で、「法定相続分まで税金のかからない配偶者や、現預金を相続する相続人はいいが、現金化できない自社株式や会社所有の資産を相続する後継者は、相続税の納税資金に本当に困るよね。」と皆が愚痴っているのを聞き、自分の会社の株式評価についてとても不安になりました。

一体、会社の資産や自社株式はどのくらいの相続税評価になるのか、また、どれくらいの相続税がかかるのかと気になった緒方社長は、東京出張の帰りに書店に寄り、自社株式や会社の承継について書いてある本を探してみました。その書店で偶然、非常にわかりやすい会社の承継の書籍を見つけ、早速購入して読み始めました。

何日かして、メイン銀行の営業担当者が社長を訪問してきました。その銀行員に買った書籍の話をしたところ、

「いや〜、偶然ですね。その著者である税理士の先生の勉強会に、私も参加させていただいているのですが、非常に明るくて元気な上に、お客様の願いを実現することに情熱を注いでいらっしゃる先生ですよ。ご紹介いたしますので、一度お会いになってご相談されたらいかがでしょうか？」

と、著者である西園寺税理士を紹介してくれることになり、西園寺税

理士のオフィスに連絡して、早速アポイントを取ってくれました。

「西園寺税理士事務所でしょうか？　私はいつも勉強会でお世話になっている松本と申します。私のお客様が、自社株式の評価で教えていただきたいことがあるとのお話なので、ご紹介させていただいてよろしいでしょうか？」

「松本様のご紹介なら、西園寺も喜んでご相談に乗らせていただくと思います。西園寺の都合のいい日時を申し上げますので、そのお客様がご来所いただける日時をご指定ください。」

と女性秘書がきびきびと対応し、翌週の火曜日の午後2時の訪問が決まりました。

――火曜日午後2時――

緒方社長は西園寺税理士の事務所を訪れ、早速挨拶をしました。

「西園寺税理士でいらっしゃいますか。お初にお目にかかります。松本さんからご紹介を受けてまいりました、株式会社大阪モーターズの代表をしております緒方昌也と申します。突然の相談にも関わらず、お受けいただきありがとうございます。何卒、よろしくお願い申し上げます。

実は、私もそろそろ70歳になろうとしており、もしものときにどうするか、家族にいろいろ話し始めています。私の家族はとても仲が良く、遺産分けのことについては、後継者たる長男の隆史には会社関係の財産を相続させ会社を引き継がせる代わりに、妻のさゆりには自宅と金融資産の半分を、長女の裕子には金融資産の残りの半分を渡すということに、家族がそれぞれ納得してくれており、あとは私が遺言書を書くか、生前贈与をして、それを実行していくだけですので問題ないと思っております。

ところが後継者である隆史は、相続財産のほとんどが自社株式と会社所有の財産になると思いますので、その納税資金が心配になってきました。そこでまず、手放すわけにいかない自社株式の評価の仕組みについて教えていただき、今後何らかの対策を打っておきたいと考えています。」

と、話を切り出しました。

西園寺税理士は大きくうなずき、説明を始めました。

非上場株式の評価

「それはとてもいい考えですね。会社の承継の第一歩は自社株式の評価の仕組みを知ることですから。非常に複雑なのですが、簡単にその仕組みをお話ししましょう。

確かに株式会社大阪モータースのように、上場していない会社の株式をどのように評価したらいいのかは難しい問題です。そこで国税庁では「財産評価基本通達」を定め、納税者が公平に株式の評価をできるようにしています。

この財産評価基本通達によりますと、同じ取引相場のない株式でも、その株式を取得する人によって原則的評価方法（類似業種比準方式など）で評価する株主と、特例的評価方法（配当還元方式）で評価する株主とに区分されます。評価の方法は、その会社に「同族株主」がいるかどうかによっても異なりますので注意してください。これが評価方式の判定のフローチャートです。ご参考にしてください。」

〈株主の態様別による評価方式の判定のフローチャート〉

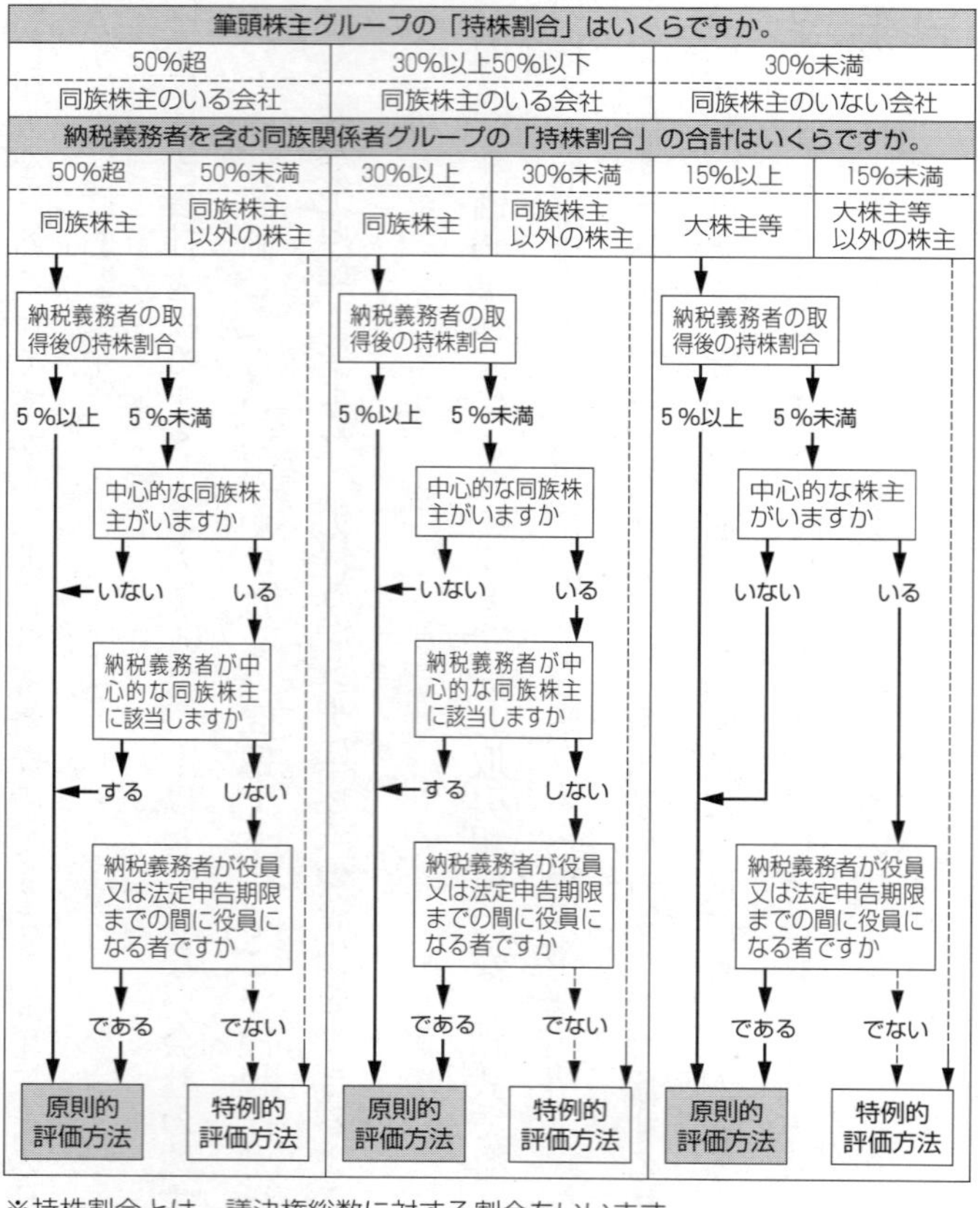

※持株割合とは、議決権総数に対する割合をいいます。

西園寺税理士から手渡されたフローチャート表を見ながら緒方社長がいいました。

「要するに親族は評価の高い原則的評価方法で、従業員とかの第三者の場合は評価の低い特例的評価方法なのですね。同じ株式なのに、取得した人によって評価が違うなんて初めて知りました。

当然、私たち家族は原則的評価方法になるのはわかりましたが、この評価方法により評価するのは難しそうですね。」

「そうなのです。非上場株式の評価は私達プロにとっても、とても高度な判断が要求される仕事です。

まず、株式の評価をする場合には、相続税の財産評価基本通達により会社の規模を判定します。この会社の規模は、従業員数、総資産価額（帳簿価額）、取引金額（売上高）の3要素で決められます。」

と、まず会社規模の判定の説明からはじまりました。

〈会社規模の判定〉

従業員数	総資産価額（帳簿価額）卸売業	総資産価額（帳簿価額）小売・サービス業	総資産価額（帳簿価額）左記以外	取引金額 卸売業	取引金額 小売・サービス業	取引金額 左記以外	会社規模
100人以上							大会社
50人超100人未満	20億円以上	10億円以上		80億円以上	20億円以上		大会社
50人超100人未満	14億円以上	7億円以上		50億円以上	12億円以上	14億円以上	中会社（大）
30人超50人以下	7億円以上	4億円以上		25億円以上	6億円以上	7億円以上	中会社（中）
5人超30人以下	7,000万円以上	4,000万円以上	5,000万円以上	2億円以上	6,000万円以上	8,000万円以上	中会社（小）
5人以下	7,000万円未満	4,000万円未満	5,000万円未満	2億円未満	6,000万円未満	8,000万円未満	小会社

第１次判定　①どちらか下の区分（従業員数・総資産価額）

第２次判定　②どちらか上の区分（総資産価額・取引金額）

会社規模により株価は異なる

「へー。売上や従業員数によって会社の規模が判定されるのですか。本当に業績によって株式の相続税評価の基準が大きく異なるのですね。驚きました。」

西園寺税理士が聞きながらうなずいています。

「ええ、このように会社の規模によって株式の評価方法が定められていますので、結果として、時によって自社株式の評価額が大きく異なるのです。」

「先生、それでは会社の規模によって、どのように評価方法が異なるのかを教えてください。」

緒方社長はますます熱心になってきました。

「非上場株式の相続税評価額を算定するときには、まず会社の規模により大会社、中会社、小会社に区分します。

大会社の場合は、上場会社を基準とした類似業種比準価額により評価します。ただし、財産を基準に評価する純資産価額の方が低ければ純資産価額を選択することができます。

中会社の場合は、類似業種比準価額と純資産価額を併用して評価します。会社の規模によりその併用割合が異なり、規模が大きいほど類似業種比準価額の割合が高くなります。大会社と同様、純資産価額の方が低ければ純資産価額を選択することができます。

小会社の場合は原則として純資産価額となりますが、類似業種比準価額×0.5＋純資産価額×0.5と併用した価額を選択することもできます。」

と会社の規模に応じた株式の評価方法の特徴について、西園寺税理士は説明しました。

〈会社規模による相続税評価の算出法〉

会社の規模		支配株式（原則的評価方式による）
大会社		類似業種比準価額
中会社	大	類似業種比準価額×0.90＋純資産価額×0.10
	中	類似業種比準価額×0.75＋純資産価額×0.25
	小	類似業種比準価額×0.60＋純資産価額×0.40
小会社		次のいずれか低い方 （・純資産価額 ・類似業種比準価額×0.50＋純資産価額×0.50）

（注） いずれの規模でも純資産価額を選択することができる。

「当社の規模はどうなっているのかな？」

と、緒方社長は自分で判定図に記入を始めました。それを見ながら、西園寺税理士が答えます。

「いただいた決算書によりますと、昨年の御社の実績は従業員数が48人、製造業で決算書上の総資産価額が7億円、売上高が15億円となっています。

従業員数と総資産価額のいずれか下のランクで判定しますから中会社の中となり、取引金額との比較でいずれか上のランクとなりますので、結果として中会社の大となります。

そうすると、類似業種比準価額×0.9＋純資産価額×0.1となりますね。」

売上や従業員数によって会社の規模が変わり、自社株式の相続税評価額が大きく異なるのが分かり、緒方社長は経営と株価が連動しているのが初めて理解できました。

「会社の規模が大きい方が有利なのですか、小さい方が有利なのですか。」

早速、真剣なまなざしで緒方社長が問いかけます。

「純資産価額が類似業種比準価額より低ければ、どんなときでも純資産価額を採用できますので、類似業種比準価額を選択できる規模の大きい会社の方が有利です。」

との西園寺税理士の返事を聞き、

「当社の株式評価は一体どうなっていますか。」

〈株式会社大阪モーターズの自社株式の会社規模の判定〉

株式会社大阪モーターズ
製造業／従業員48人、総資産７億円、売上高15億円
⇒中会社の大

【会社規模の判定表】

会社規模		従業員数	総資産価額（帳簿価額）			取引金額		
			卸売業	小売・サービス業	左記以外	卸売業	小売・サービス業	左記以外
大会社		100人以上						
大会社		50人超100人未満	20億円以上	10億円以上		80億円以上	20億円以上	
中会社	大	50人超100人未満	14億円以上	7億円以上		50億円以上	12億円以上	14億円以上
中会社	中	30人超50人以下	7億円以上	4億円以上		25億円以上	6億円以上	7億円以上
中会社	小	5人超30人以下	7,000万円以上	4,000万円以上	5,000万円以上	2億円以上	6,000万円以上	8,000万円以上
小会社		5人以下	7,000万円未満	4,000万円未満	5,000万円未満	2億円未満	6,000万円未満	8,000万円未満

第１次判定 ①どちらか下の区分

第２次判定 ②どちらか上の区分

と焦り気味の緒方社長に、西園寺税理士は苦笑いです。

「今日資料をいただいたばかりなので正確な株式の評価額を算出することはできませんが、大阪モーターズの場合は類似業種比準価額よりも純資産価額の方が大きいと思われます。利益は標準的ですが、内部留保や過去に取得した不動産や債権が値上がりしているからです。

たとえば類似業種比準価額が1000円、純資産価額が20000円だったとしますと、中会社の大である場合には2900円ですが、売上が14億円未満に下がり中会社の中となった場合には5750円と倍近い評価になります。」

と概略を話してくれました。

「ほんとに驚くことばかりで、目から鱗が落ちるとはこのことですね。」

と、今後の同業者の社長会で皆に教えてあげなくてはと緒方社長ははりきっています。

〈会社の規模により評価は変わる〉

【例】類似業種比準価額：1,000円　純資産価額：20,000円の会社の場合

会社規模	評　価	株　価
大会社	類似業種比準価額	1,000円
中会社(大)	類似業種比準価額×0.90 ＋純資産価額×0.10	2,900円
(中)	類似業種比準価額×0.75 ＋純資産価額×0.25	5,750円
(小)	類似業種比準価額×0.60 ＋純資産価額×0.40	8,600円
小会社	類似業種比準価額×0.50 ＋純資産価額×0.50	10,500円

類似業種比準価額の評価方法

「類似業種比準方式というのは聞いたことはあるのですが、よくわかりません。どのようにして計算する評価方法なのですか。」

と、緒方社長の質問はどんどん株式評価の核心に近づいていきます。

「類似業種比準方式は、よく似た業種（類似業種）から選定した標準的な上場株式の株価から、比較のための基準、「配当」「利益」「純資産価額」を使って非上場株式を評価する方法です。算式を今お渡ししますね。

その算式からわかるように、「利益」の比重が大きくなっています。利益金額の高い会社は、所有資産のわりに株価が高くなりますが、資産が豊富なのに利益の少ない会社は、資産規模のわりには株価が低くなり

〈類似業種比準価額の計算方法〉

※「1株当たり」の値を計算する場合、分母となる『発行済株式総数』は実際の発行株式数ではなく、（資本金額÷50円）で計算した株式数によりますので、注意してください。

- 1株当たりの配当金額（直前期末以前2年間の平均額）
- 1株当たりの利益金額
  ・直前期末以前2年間の平均額
  ・直前期末以前1年間の額
  いずれか小さい額
- 1株当たりの純資産価額（直前期末の額）

しんしゃく率

$$\text{類似業種比準価額} = A \times \frac{\dfrac{b}{B} + \dfrac{c}{C} \times 3 + \dfrac{d}{D}}{5} \times \begin{cases} 0.7 \text{（大会社）} \\ 0.6 \text{（中会社）} \\ 0.5 \text{（小会社）} \end{cases}$$

- A：類似業種の株価
- B：類似業種の1株当たりの配当金額
- C：類似業種の1株当たりの年利益金額
- D：類似業種の1株当たりの純資産価額

これらは国税庁から定期的に公表される

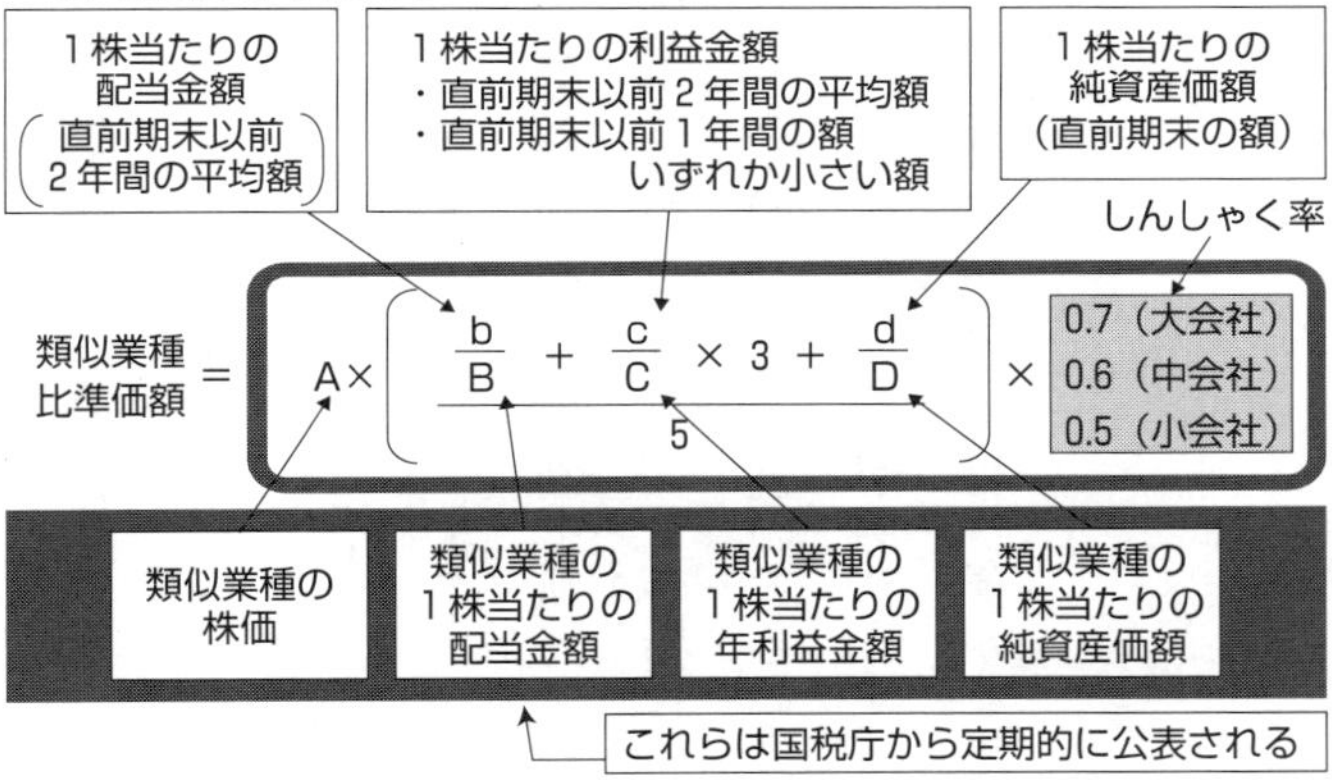

ます。大阪モーターズの類似業種比準価額は純資産価額に比較すると非常に低くなっています。」

との説明にうなずいた緒方社長に、西園寺税理士はゆっくりと理解してもらえるようわかりやすく続けます。

純資産価額方式による評価方法

「中・小会社は上場会社とは大きく形態が異なるため、原則として純資産価額方式によって評価します。純資産価額方式とは、その会社が持っている資産価額から株価を判定する方法です。この場合の資産価額は帳簿価額ではありません。この場合、資産・負債を相続税評価額に評価しなおしますので、含み益の大きい資産を所有している場合、思いがけず高い株価になるおそれがあります。」

と説明を受けた緒方社長は、顔がくもってきました。

〈純資産価額の計算方式〉

課税時期現在で仮決算をして求めるのが原則※1

生命保険請求権を含む繰延資産など財産性のないものは除く

〈加えるもの〉
課税時期において未払いとなっている
① 未納公租公課、未払利息等、確定した未払配当等
② 直前期末以前に賦課期日のあった未払固定資産税等
③ 被相続人の死亡により確定した退職金等

〈除くもの〉
・準備金及び引当金（退職給与引当金以外のもの）

評価差額に対する法人税等相当額 ※3

資産の合計額（相続税評価額） − 負債の合計額 − {(相続税評価額による資産の合計額 − 負債の合計額) − (帳簿価額による資産の合計額 − 負債の合計額)} ×42%

÷ 発行済株式数※2

直前期末ではなく、課税時期における発行済株式数によります。

＝ 1株当たりの純資産価額（相続税評価額）

同族株主等の議決権割合が50%以下の場合には、この価額の80%を評価額とします。

※1　課税上弊害がない限り、前期末決算によることを選択できます。
※2　分母となる『発行済株式総数』は（資本金額÷50円）で計算しない実際の発行株式数によりますので、注意してください。
※3　いずれも金庫株を除く。

「当社の不動産は創業してすぐに取得したので、かなりの含み益があります。評価を時価にされると、株式の価値が非常に高くなると思うのですが、簿価より高かった場合には、株式評価で考慮されることはないのですか。」

せっかくの会社の優良資産が自社株式の高値の原因となっているのを知り、緒方社長は不満顔です。

西園寺税理士は安心させるように

「いえいえ、大丈夫ですよ。純資産価額の評価を計算する場合には、相続税評価額と帳簿価額との差額、つまり資産の含み益に対してかかる税金を負債として計上し、資産から控除することになっています。この税金のことを『評価差額に対する法人税等に相当する金額』といいます。この税率は、会社が解散した場合にかかる法人税と住民税の税率の合計で42%となっています。

個人で含み益のある不動産を持っているよりはるかに有利です。緒方社長の選択は正しかったですね。」

と会社で所有していた方が有利な点をしっかり教えてもらって、緒方社長は頭がすっきりしてきました。

「いろいろ教えていただいて、自社株式の評価について少しは理解できたと思います。わが社の株式を評価するには、会社の実力を整理してまとめることが必要ですね。」

との感想に応え、西園寺税理士は、

「御社は類似業種比準価額の方が低いのではないでしょうか。とすると、会社の規模が大きければ大きいほど自社株式の評価が低くなります。ただし、大会社には該当しませんので、類似業種比準価額と純資産価額との併用方式となります。まずは類似業種比準価額を確実に計算し、次に純資産価額をしっかり計算するといいでしょう。」

〈含み益について42%が控除される〉

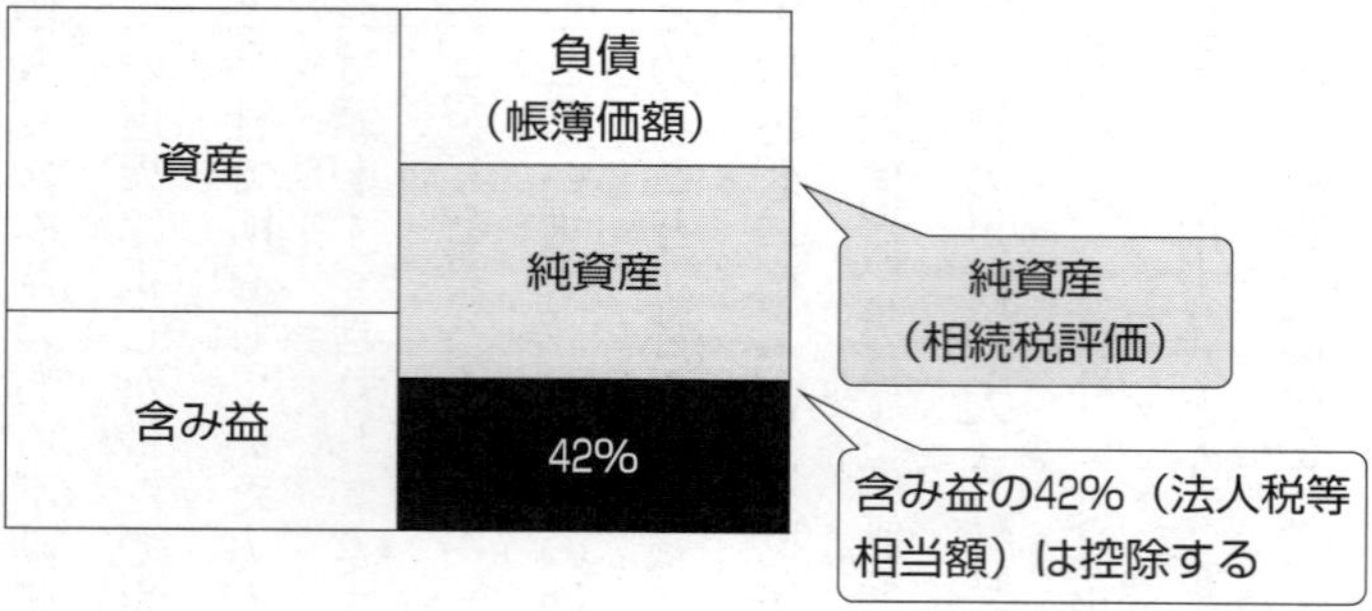

と教えてくれました。

いくつも考えないといけない要素があるので、緒方社長は真剣な表情で

「なるほど、おかげさまで頭の中がすっきりしてきました。それでは、私の持ち株を隆史に引き継ぐときは、いろいろな要素を考慮して、自社株式を正しく評価してから行うべきですね。」

と、緒方社長は頭の整理をしています。

西園寺税理士は緒方社長をしっかり見つめながら答えます。

「まさに、そうなのです。自社株式の贈与や相続については株式を正しく評価するとともに、どのようなときに株式が上がったり下がったりするのか、しっかりと理解しておくことが何よりも重要なのです。」

その言葉にハッと顔を上げた緒方社長は、

「ぜひ、非上場株式を評価するときに特に気をつけるべきポイントを教えてください。」

と意気込んで尋ねました。

大きくうなずいた西園寺税理士は、社長にわかるよう具体的に説明し始めました。

類似業種比準価額の評価のポイント

「では、まず類似業種比準価額の評価のポイントからご説明申し上げます。すでにご説明しましたように、類似業種比準価額の評価の基準は1株当たりの「配当」「利益」「純資産価額」の3要素です。まず、配当からお話しいたします。」

との説明に緒方社長は、自分の会社は同族会社なので配当していないなと思いました。

1　類似業種の配当と評価会社の配当を比較する

西園寺税理士は説明を続けます。

「評価する会社と類似業種会社の配当の比較は、実際の金額にかかわらず、すべて1株当たりの資本金額を50円に換算して行います。たとえば、類似業種会社の配当が1株当たり15円であったとします。これに対して、評価会社では1株当たり30円の配当をしている場合には、30円を15円で割ってその数値をかけることになります。その結果、類似業種会社の株価よりも評価会社の株価は高くなります。

この場合、類似業種会社の配当であるB（53ページの算式参照）の値は、あらかじめ国税庁から公表されており、この数値は1年間同じです。これに対し評価会社の配当は、直前期末以前2年間におけるその会社の剰余金の平均配当金額の合計額の2分の1に相当する金額を、直前期末における発行済株式数で割って計算した金額とします。

ただし、この配当には、その他資本剰余金を原資とする金額及び特別配当、記念配当等の名称による配当金額のうち、将来毎期継続することが予想できない金額を除きます。

また、1株当たりの資本金の額が50円以外である場合には、直前期末における資本金額を50円で除して計算した数を発行済み株式数とします。」

緒方社長は思わず質問します。

「西園寺税理士、私の会社は配当していないのですが、この場合どうなるのでしょうか？」

「無配の場合はBはゼロになりますので、株価評価は安くなりますよ。」

との西園寺税理士の答えに緒方社長も満足そうです。

2 類似業種の利益と評価会社の利益を比較する

「では、次に類似業種Cの1株当たりの利益要素についてお話しします。この場合の利益は、利益といっても決算書の利益ではありません。

法人税法上の申告所得、つまり法人税の課税所得をいいます。この申告所得はそれにかかる法人税、事業税、住民税を控除する前の金額です。この利益の比較も1株当たりで行います。この場合も、実際の金額にかかわらず、すべて1株当たりの資本金額を50円に換算して行います。

たとえば、類似業種会社の利益が1株当たり150円であったとします。これに対して評価会社では1株当たり300円の利益になるとした場合、300円を150円で割ってその数値をかけることになります。その結果、類似業種会社の株価よりも評価会社の株価は高くなります。

この場合、類似業種会社の利益であるCの値も、あらかじめ国税庁から前年度平均の額が公表されており、この数値は1年間同じです。これに対して評価会社の利益は、直前期末期の申告所得と過去2期間の申告所得の平均値のうちいずれか低い方です。この利益には特別損失は考慮しますが、予想できない非経常的な利益（損害賠償金など）は除きます。

たとえば、直前期末の申告所得が6000万円で、直前前期の申告所得が4000万円とします。すると、6000万円と2期間の平均である5000万円のいずれか低い方の5000万円ということになります。

なお、決算期間は1年間です。この会社全体の利益を発行済株式数で割って1株当たりの利益を算出します。具体的には、次の算式によって計算した額をいいます。」

西園寺税理士の説明に緒方社長は重ねて聞きます。

「じゃあ先生、うちの会社の業績がよく利益が高いと、類似業種比準価額の評価が上がり、反対に赤字が出たときには類似業種比準価額の評価は下がると考えていいのですね。」

「ええ、まさにそのとおりです。類似業種比準価額の要素の構成は利益が5分の3となっており、利益が株価に非常に大きな影響を与えま

〈評価会社の１株当たりの利益金額〉

〔法人税の課税所得金額※１ ＋ 所得の計算上益金に不算入の利益の配当等の金額（所得税額に相当する金額を除きます） ＋ 損金算入した繰越欠損金の控除額〕 ÷ １株当たりの資本金の額を50円とした場合における直前期末の発行済株式数※２

※１　固定資産売却益、保険差益等の非経常的な利益の金額は除きます。この場合は、非経常的な利益の金額は、非経常的な損失の金額を控除した金額（負数の場合はゼロ）とします。

※２　合計額が負数となる場合には、１株当たりの利益金額はゼロとします。

す。利益が高いと株価が上がる、利益が下がると株価が下がる。大事な要素なのでしっかり覚えておいてくださいね。」

との西園寺税理士の念押しに、緒方社長はここがポイントなのだと大きくうなずきました。

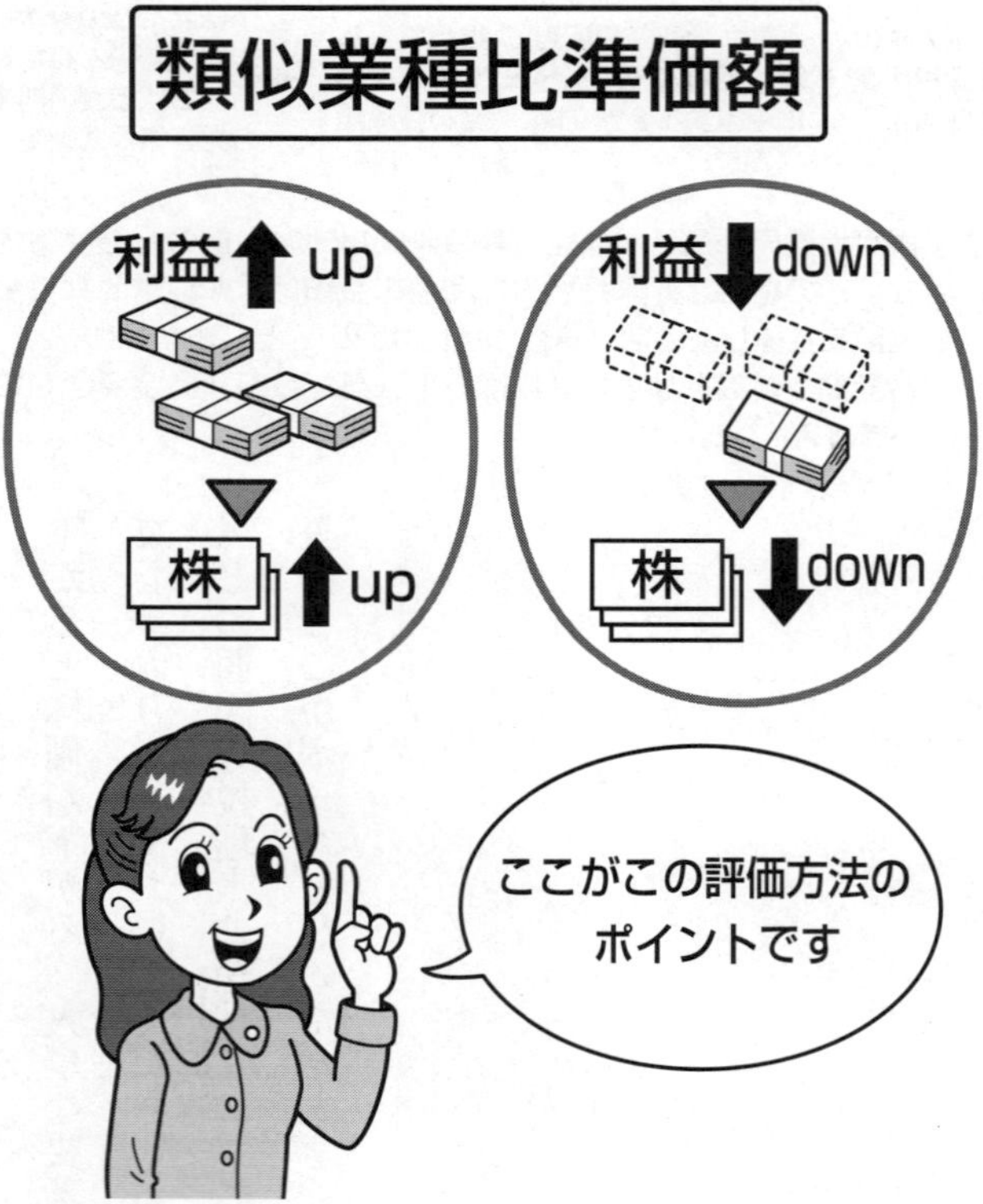
類似業種比準価額
利益 up
株 up
利益 down
株 down
ここがこの評価方法の
ポイントです

3 類似業種の簿価純資産価額と評価会社の簿価純資産価額を比較する

西園寺税理士はどんどん説明を続けていきます。

「では最後に、純資産価額について説明していきます。

簿価純資産価額とは、決算上の貸借対照表上の数値のことをいいます。すなわち、土地や有価証券を評価替えした場合の時価純資産価額ではなく、帳簿価額のままの数値です。ただし、この場合の簿価純資産価額は決算書の貸借対照表から求めるのではなく、法人税法上の数値から求めます。

その具体的な算出方法は、資本金等の額と法人税法上の利益積立金額と自己株式の合計金額です。資本金と資本積立金は、税務上も、決算書に表示されている会計上の数値も原則的には同じですが、利益積立金は法人税法上の用語であり、決算書上の利益剰余金とは異なっているのが一般的です。

そこで、法人税法上の利益積立金を求めるには、法人税申告書の別表5（1）に記載されている金額で算出します。この3つの合計金額は会社全体の合計額ですので、これを発行済株式総数で割って1株当たりの簿価純資産価額を算出します。」

「そうすると、単純に決算書上の資本の金額とは一致しないのですね。難しいな。」

思わず緒方社長はつぶやきました。

「たとえば、類似業種の簿価純資産価額が1株当たり100円であったとします。これに対して評価会社では1株当たり500円の簿価純資産価額になるとした場合、500円を100円で割って計算した金額が比較要素となります。その結果、類似業種の株価よりも評価会社の株価が高くなるのです。

株式会社大阪モーターズは、今まで利益を積み立てきておりますの

評価会社の1株当たりの純資産価額（帳簿価額によって計算した金額）

（資本金等の額 ＋ 法人税法に規定する利益積立金額※1）÷ 1株当たりの資本金等の額を50円とした場合における直前期末の発行済株式数 ※2

※1　直前期の法人税の申告書別表5（1）「利益積立金額の計算に関する明細書」の翌期首現在利益積立金額の差引合計額をいいます（負数の場合は控除します）。

※2　合計額が負数となる場合には、1株当たりの純資産価額はゼロとします。

で、Dの数値は高くなりますね」

と西園寺税理士は続けました。

ある程度説明を聞き終えた社長は

「先生、この類似業種の数値っていつ発表されるのですか？」

と尋ねました。

「その年の類似業種比準価額の要素は前年度分の数値を使いますので、すぐに国税庁から発表されるわけではありません。通常では6月頃に発表されることが多いです。」

「いやあ、類似業種比準価額って、会社の業績や世間の経済動向により大きく変動することがよくわかりました。西園寺先生にいろいろ教えてもらって本当によかった。」

と緒方社長は安堵しました。

純資産価額を評価する際のポイント

西園寺税理士はにっこり笑って続けました。

「では、次に純資産価額の評価をする際のポイントについてご説明いたします。

すでにご説明しましたが、純資産価額方式とは、その会社が持っている資産価額から株価を判定する方法です。

これらの評価方法は、相続税や贈与税のための財産評価基本通達によります。

この純資産価額の評価を計算する場合には、実際に売ったとき、払わなくてはならない税金分を資産の含み益に対してかかる税金として、資産から控除すること以外は、原則として個人の財産と同じようにして評価します。

社長は西園寺税理士の説明を聞き、株式の純資産価額評価は個人の相続財産を評価するときと原則は一緒なんだと納得しました。

ただ、昔から持っている不動産や有価証券は評価益に対して法人税評価額が控除されるので、会社で持っている方が有利なのを実感しました。

非上場株式は優良な会社ほど評価が高い

「西園寺税理士、いろいろ教えていただいてありがとうございます。非上場会社の評価をするには、配当や利益、簿価純資産価額のみならず、資産ごとの時価（相続税評価額）もしっかり把握しなければならないので、非常に大変な作業なのですね。」

「そうなのです。実は、非上場株式の評価は、個人の財産を評価するよりはるかに難しく手間がかかるのです。ただ、個人の場合と違い、会社はすべての取引がきちんと仕分けられているので、現況を分析するには非常に解明しやすいといえます。」

との西園寺税理士の話に、緒方社長は心配気に尋ねました。

「先生、わが社は今まできちんと帳簿付けをし、信頼できる税理士に会計処理をしてもらって毎年決算を行っています。これならば、株式評価は正確にできるのでしょうか？」

西園寺税理士はにっこり笑ってうなずきました。

「そうですね。株式会社大阪モータースの決算は非常に正確できっちりされていますので、株式の評価をする際にとっても役立ち、正確な数字が出ると思いますよ。」

「じゃあ、先生。必要な書類をすべてこちらで揃えますので、一度わが社の株式の評価をしていただけませんか？　先生のお話によると、わが社は中会社の大ということですので、類似業種比準価額と純資産価額の双方を算出し、0.9と0.1で併用することになるのですね。よろしくお願いします。」

と緒方社長が依頼しました。

「喜んでお引き受けいたします。必要書類の一覧表を作成いたしますので、早速集めていただきますようお願いいたします。

ただ、家族が仲良いとおっしゃっていますけれど、後継者の隆史さんに自社株式と会社所有の資産を残されるつもりなら、それらを生前贈与するか、遺言書を書くか、どちらかを実行された方がいいと思います。

この点について、一度弁護士の先生に相談されてはいかがでしょうか？　私が信頼する、最強のパートナーの弁護士の先生をご紹介しましょうか？」

との西園寺税理士の推薦に
「いや、ありがたいです。いくら家族の仲が良いといっても、私の意思だけははっきり伝えたいなと思っていました。西園寺先生の推薦ならとても安心です。ぜひ、その弁護士先生をご紹介ください。」

と緒方社長は頼みました。

「では、これがご紹介する東山弁護士の名刺のコピーです。私からご紹介の旨を東山弁護士にお話ししておきますので、是非近いうちに緒方社長から連絡を取って、お会いできる日を決めてくださいね。」

と西園寺税理士から紹介の太鼓判をもらい、緒方社長はとても頼もしく思いました。

自社株式を正確に評価してもらい、自分の財産が明らかになることにより、今後いろいろな対策を打っていくことができるなと安心した緒方社長は、弁護士の先生とも相談して、自分亡き後も家族が一丸となって長男の隆史を応援してくれ、そして自分が残した会社が発展していってくれることを祈りながら、元気な足取りで溌剌と会社に戻っていきました。

ポイント

① 従業員数・総資産価額・取引金額により、大会社・中会社（大・中・小）・小会社に区分して評価する

② 大会社は類似業種比準価額、中会社は類似業種比準価額と純資産価額との併用方式、小会社は純資産価額と50％併用方式のいずれか低い方で評価する

③ 類似業種比準価額は配当・利益・純資産価額を加味し、上場株式の株価を基準に評価する

④ 純資産価額は資産・負債を相続税評価額で評価し、含み益に対する法人税額（42％）を控除して計算する

⑤ 利益率の高い、内部留保の多い中小企業の自社株式は非常に相続税評価が高く、後継者が相続税の納税に頭を悩ませることになる

III

自社株式承継についての社長交代による処方箋

境社長は自分の引退により、評価が下がった自社株式の贈与を考えている

70歳を迎えた境社長は、そろそろ後継者である長女に経営権も代表権も承継させることを真剣に検討しています。自社株式の評価は世間の景気や、自社の利益・配当等によって大きく変わるのを知り、それを利用して、自分が引退し自社株の評価が下がったときに贈与をして、後顧の憂いをなくそうと考えています。

境社長のケース

70歳の境和子さんは、横浜市で飲茶商品を開発し、全国に販売している株式会社横浜飲茶工房の2代目社長です。今や神奈川県全域のみならず、全国展開でシェアーを拡大中で、自社株式については初代から75％ほどを相続しています。

家族は病気で療養中の78歳の夫康正と長女の圭子、次女の絢子、長男の大介の5人です。婿養子に来てくれた夫の康正は会社の共同経営者でしたが、5年前に倒れて以来、入院生活が続いており、回復の見込みが立っていません。それを心配した長女の圭子は後継者となるべく東京の同業他社で10年修業した後、5年前に自社に戻ってきており、従業員にも評判のいい取締役営業本部長となっています。次女の絢子は外交官の妻として海外に居住しており、長男の大介は新進気鋭のデザイナーとして売出し中で、会社には全く興味がありません。

来期に長女の圭子を後継者に指名し、75歳までには代表権を譲るつもりです。中期経営計画において、工場の新設とともに自身の退職時期等も発表するつもりですが、それに合わせて自社株式の評価がどうなるか理解し、ベストなタイミングで長女圭子に承継したいと夫の康正と話し合っています。会社法上の手続もしっかり行い、後継者の圭子が法律上も困ることのないようにしておきたいと考えています。

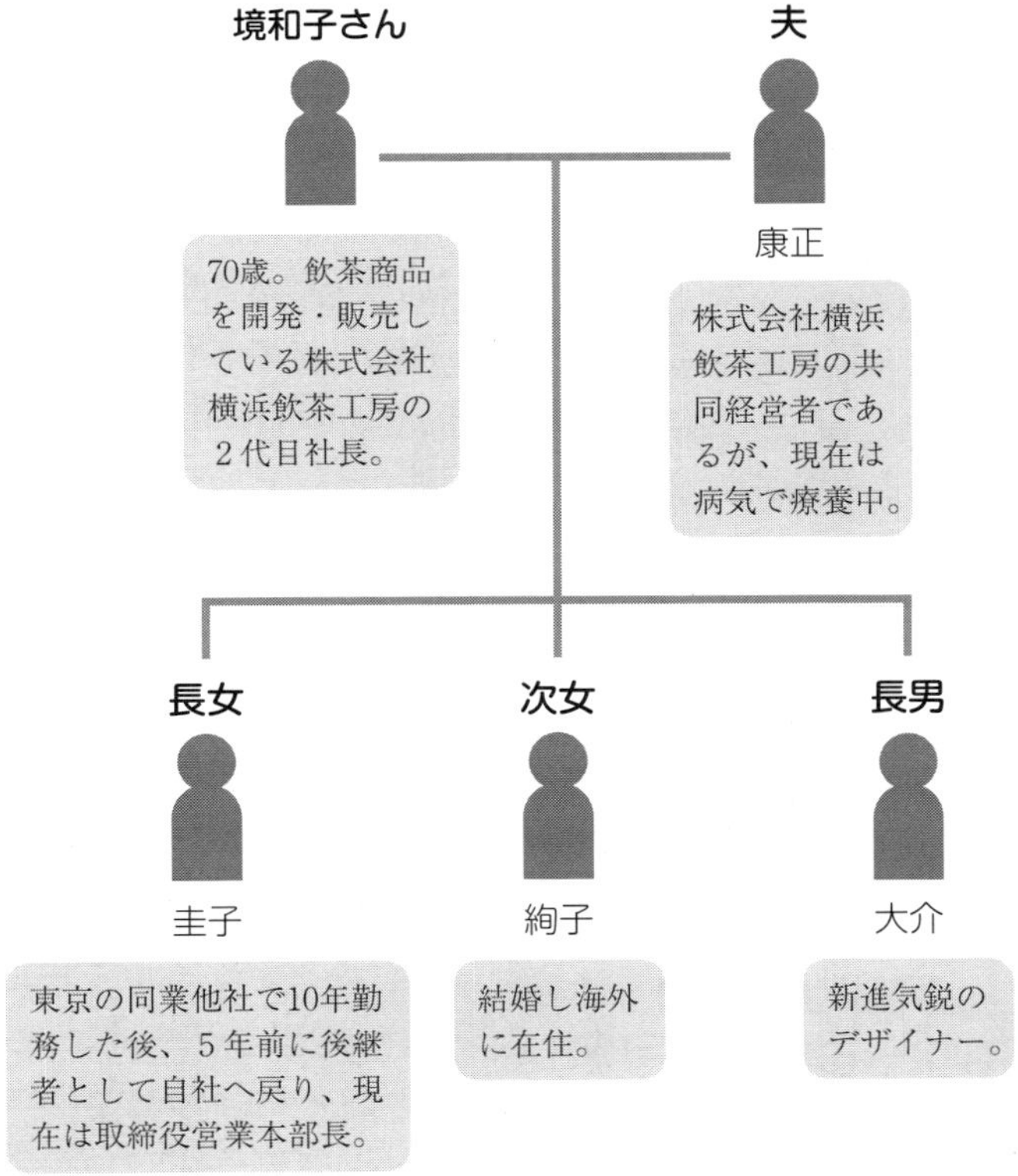
境和子さん
70歳。飲茶商品を開発・販売している株式会社横浜飲茶工房の2代目社長。
夫
康正
株式会社横浜飲茶工房の共同経営者であるが、現在は病気で療養中。
長女
圭子
東京の同業他社で10年勤務した後、5年前に後継者として自社へ戻り、現在は取締役営業本部長。
次女
絢子
結婚し海外に在住。
長男
大介
新進気鋭のデザイナー。

境社長は自社株式の評価を引き下げる方法を理解するために、会社の顧問税理士である西園寺税理士にいろいろと相談することにしました。担当者を通じて西園寺税理士に面談の依頼をしたところ、早速アポイントの確認があり、翌週の木曜日に来てくれることになりました。

――木曜日の約束の時間、西園寺税理士が来社してくれました――

「西園寺先生、わざわざおいでくださってありがとうございます。」

と境社長からのあいさつがあり、西園寺税理士はそれに応え

「いえいえ境社長、ご相談くださってありがとうございます。そろそろ会社の承継をお考えとのことで、そのご相談と伺っております。そのためには後継者の経営者教育が何より大切ですが、この件は境社長が長年、圭子さんを教育なさってきたので問題もなく安心しております。しかし税金と法律上の問題は必ずクリアーしておかないと、後で圭子さん

が困られることにもなりかねませんので、事前に条件整備をしてから実行してくださいね。

資金的には贈与税や相続税等の税金の問題がありますが、まず自社株式の評価が何よりもポイントです。その評価のために必要な書類を今日揃えていただいていると思いますので、それを見せていただきながら、境社長のお考えを伺いたいと思います。」

と早速、いつもの元気よさで本題を切り出しました。

「先生、わが横浜飲茶工房は莫大な利益を上げているわけではありませんが、毎年確実に一定の利益を上げ続けております。過大な借入金もなく、内部留保も積み上がり、従業員の退職金については外部に積み立てていますので心配も要りません。ぜひ、ずっと美味しい食を世の中に提供し続ける会社にしたいというのが私の願いです。」

境社長は本当の思いを口に出すと、少し目を潤ませました。

「とても素敵な願いですね。私も御社の飲茶が大好きなので、何とかスムーズな承継ができるよう提案させていただきます。」

情に厚く、食いしん坊な西園寺税理士はうっすら頬を紅潮させながら、明るくうなずきました。

「非上場株式がどんなときに評価が下がるのか理解できれば、退職の時期や株式を贈与するタイミングを確実に把握でき、経営計画の推進と重ね合わせることができると思いますので、よろしくご指導ください。」

といいながら、境社長は3期分の法人税の申告書一式と株主名簿を西園寺税理士に渡し、今日聞きたかったことをお願いしました。

「もっともなご意見です。了解しました。評価が上がったり下がったりするタイミングがわからないと時期を逸したり、どんな事象が影響を及ぼすかわからず、思わぬ税負担に困ってしまうことがありますからね。」

と、西園寺税理士はそれに答えました。境社長は

「夫の容態は芳しくなく、医師からは覚悟するようにいわれておりま す。けれども夫は横浜飲茶工房の財産に関しては先代からほとんど相続 していませんので、遺産分けや相続税についてはそんなに心配はいらな いと思います。

ただ、夫が先に亡くなった場合、私の相続時には配偶者がいないこと になり、遺産のすべてに相続税がかかるので、払いきれない金額になる のではと心配しております。さらに、平成25年度の税制改正でずっと噂 されていた相続税の増税が決まったそうですが、一体どのような増税な のでしょう? まず、そこから教えていただきたいと思います。」

とお願いしました。

「境社長もいろいろと難題を抱えていらっしゃるのに、よく情報をご 存知ですね。民主党政権の平成23年度からずっと上がるといわれてきた

相続税ですが、平成27年1月1日以後の相続等から基礎控除が40％下がり、相続税の税率構造が2段階引き上げられることとなりました。それではまず、相続税の計算の仕組みと改正後の内容についてご説明しましょう。」

と早速、西園寺税理士が相続税について教えてくれることになりました。

相続税の計算の仕組み

「相続税の計算は難しいので、簡単にその仕組みをお話ししましょう。

相続税は次の順序で計算します。まず、全財産を時価（財産評価基本通達に定められている）で評価します。

次に債務や葬式費用を差し引いた後に、相続税の基礎控除額を控除します。控除した後の金額を、法定相続人が法定相続分により取得したものとして各人の相続税額を計算し、それらの合計額が相続税の総額となります。

最後に、相続税の総額を各人の実際の取得財産の割合に応じて按分します（92ページ〈**相続税の税額計算の仕組み**〉参照）。

相続税の基礎控除額は、5000万円＋1000万円×法定相続人の数となっていますが、税制改正により平成27年1月1日以後の相続等から3000万円＋600万円×法定相続人の数となります。境社長より先に康正様が亡くなった場合、法定相続人がお子様3人となりますから、3000万円＋600万円×3人＝4800万円が相続税の基礎控除額となります。よって、境社長の場合は確実に相続税がかかりますね。」

相続税のかかる財産・かからない財産

自分の相続の場合の基礎控除の額に、境社長はうなずきました。西園寺税理士は説明を続けます。

「次に、遺産には相続税のかかる財産とかからない財産があります。相続税のかかる財産には、被相続人の死亡の日に所有していた現金・銀行預金・郵便貯金・株式・公社債・貸付信託・土地・建物・会社所有の財産・家庭用財産・ゴルフ会員権など一切の財産が含まれます。

また、被相続人名義の財産だけに相続税がかかるわけではありません。被相続人の死亡に伴って支払われる退職金や生命保険金も相続財産とみなされ、相続税の課税対象となるのです。

ただし、相続税のかからない財産もあります。たとえば、ご遺族が受

〈相続税のかからない財産〉

〈相続税のかからない財産〉
●お墓・仏壇・祭具など
●相続人が受け取った生命保険金及び退職金のうち、法定相続人1人につき各500万円までの部分

け取る生命保険金や死亡保険金、死亡退職金については、500万円×法定相続人の数の金額までは相続税がかからないのです。もちろんお墓や仏壇等にも相続税はかかりませんよ。」

「そうですか。私が万一死亡した場合、死亡保険金を貰えることになっていますし、また、退職前に死亡した場合には会社から死亡退職金が支給される規定になっています。もし夫が先に死亡した場合、私の法定相続人は3人ですから、保険金にも退職金にも1500万円まで相続税がかからないので有利な財産の承継方法ですね。これはぜひ用意しておかなくては。」

しかし、私の場合には自社株式の他、不動産や有

価証券もありますので、やっぱり相続税負担は高額になると思います。非課税財産以外の遺産すべてに相続税がかかるのなら贈与するしかないですね。贈与してしまえば遺産が減ってしまい、相続税はかかりませんよね。」

と西園寺税理士に確認します。

贈与した財産にも相続税がかかる場合

「必ずしもそうなるわけではありません。相続等により財産を取得した人が、相続開始前3年以内に被相続人から贈与された財産は、贈与税の110万円の基礎控除の範囲内のものを含め、原則として、すべて相続財産に加算しなければならないのです。

また、相続時精算課税制度の適用を受けた財産も、すべて相続財産に加算します。ただし、加算した贈与財産につき、すでに支払った贈与税額があれば相続税額から差し引き、相続時精算課税制度を選択した場合に限り、控除しきれない額は還付されますので二重課税の心配はいりません。」

西園寺税理士の説明はどんどんと続けられます。

「また、被相続人名義の財産だけに相続税がかかるわけではありません。被相続人の死亡に伴って支払われる退職金や生命保険金も、相続財産とみなされ、相続税の課税対象となるのです。ただし、お墓や一定の生命保険金等、相続税のかからない財産もあります。」

債務と葬式費用は控除される

何にでも相続税はかかるのか…とあきれながらも、境社長は次の疑問を確認します。

「でも親の借金や葬式費用はどうなるのですか。」

「ご安心ください。相続が開始したときに、現実に存在していた借入金などの債務の他、未払いの公租公課、生前の入院費用などの未払金、通夜や葬式にかかった費用は、相続財産から控除することができます。葬式費用もその一部は相続財産から控除することができるんですよ。」

その西園寺税理士の解答に、だから皆、相続税対策といって借金をするのか…と境社長は思いました。

「そうやって税金のかかる額を計算した後、相続税はどうやって計算

〈葬式費用としての債務控除の可否〉

可	不可
・葬式（仮葬式も含む）そのものの費用 ・お寺さんへの戒名代、お布施（当日のもの） ・お通夜の食事代その他葬式前後の費用で通常必要なもの ・死体の捜索または死体もしくは遺骨の運搬費用	・香典返戻費用 ・初七日以後の法会費用 ・墓碑及び墓地の購入費 ・相続人の喪服等の個人的な出費

するのですか。」

境社長の質問に西園寺税理士は答えます。

「財産評価した後の相続税の計算ですが、各人ごとの課税財産の合計額から基礎控除額を差し引いた課税遺産総額を法定相続人が法定相続分で分割したものとして、相続税の速算表の税率と控除額を用いて各人ごとの税額を計算し、その合計が相続税の総額になります。

相続税の総額に、実際に各人が相続した財産が課税遺産総額のうちに占める割合を乗じて計算した金額が、各人ごとの相続税額になるのです。」

〈相続税の税額計算の仕組み〉

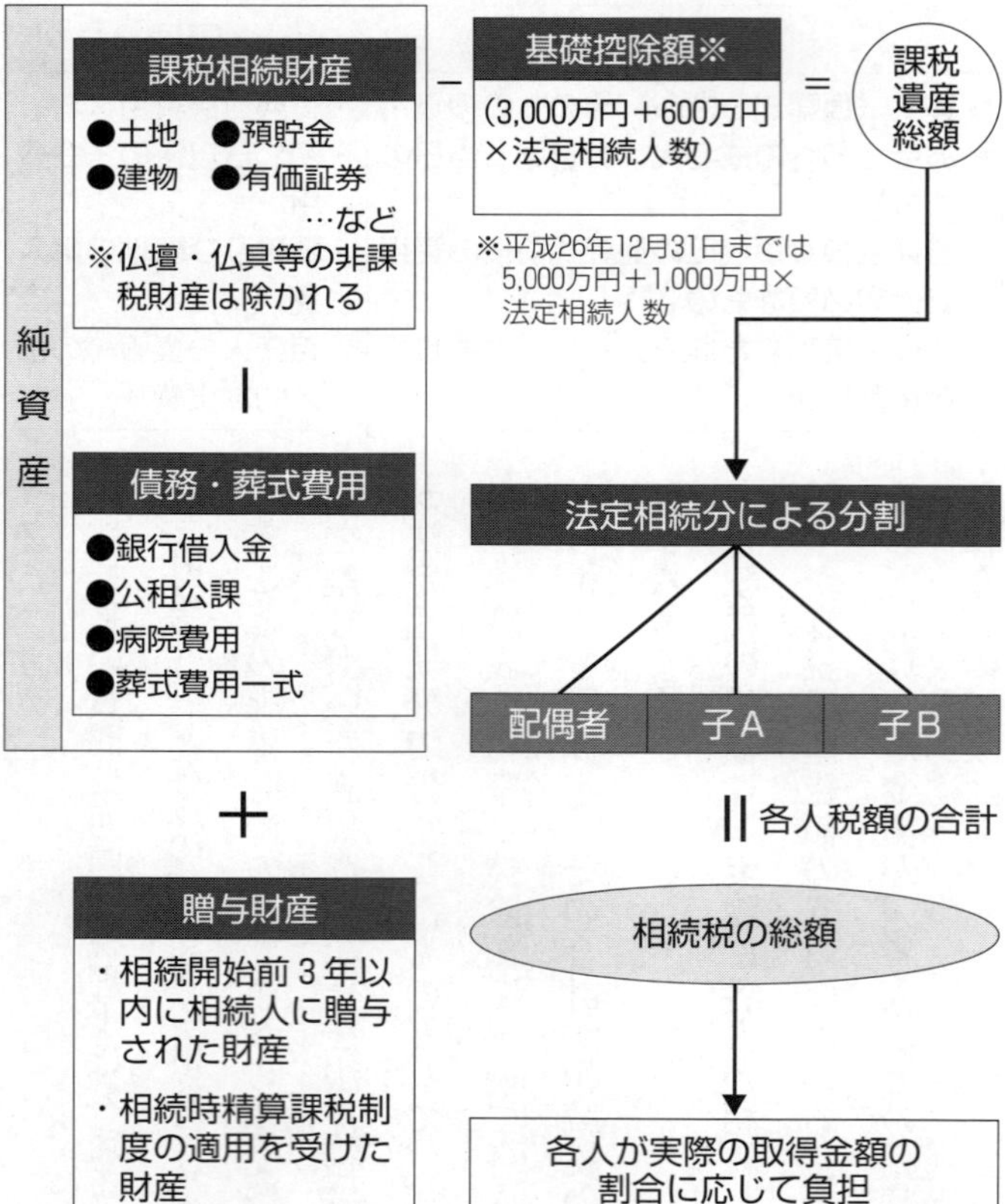

純資産
課税相続財産
●土地　●預貯金
●建物　●有価証券
…など
※仏壇・仏具等の非課税財産は除かれる
－
債務・葬式費用
●銀行借入金
●公租公課
●病院費用
●葬式費用一式
＋
贈与財産
・相続開始前３年以内に相続人に贈与された財産
・相続時精算課税制度の適用を受けた財産
－
基礎控除額※
(3,000万円＋600万円×法定相続人数)
※平成26年12月31日までは5,000万円＋1,000万円×法定相続人数
＝
課税遺産総額
法定相続分による分割
配偶者
子A
子B
各人税額の合計
相続税の総額
各人が実際の取得金額の割合に応じて負担

〈相続税の速算表〉

法定相続分に応ずる各人の取得金額	税率と控除額	
	平成26年12月31日以前	平成27年1月1日以後
1,000万円以下	10%	10%
1,000万円超　3,000万円以下	15%－50万円	15%－50万円
3,000万円超　5,000万円以下	20%－200万円	20%－200万円
5,000万円超　1億円以下	30%－700万円	30%－700万円
1億円超　2億円以下	40%－1,700万円	40%－1,700万円
2億円超　3億円以下		45%－2,700万円
3億円超　6億円以下	50%－4,700万円	50%－4,200万円
6億円超		55%－7,200万円

「だから、誰がどのようにして相続したとしても、自分の亡くなったときの相続税の総額は変わらないのですね。」

との境社長の発言に、西園寺税理士は首を横に大きく振りました。

配偶者は法定相続分まで相続税はかからない

「原則としてはそうですが、配偶者が相続した場合にのみ特例があるのです。配偶者には、配偶者の税額軽減という相続税の特例があり、配偶者の法定相続分と1億6000万円のうち、いずれか大きい方の金額については結果として相続税はかかりません。ただし、境社長のご主人が亡くなられている場合はこの特例は使えません。」

後継者の圭子をはじめ、子どもたちの相続税は大変だなと思った境社長は、西園寺税理士に

「私の財産は半分近くを横浜飲茶工房の株式が占めていると思います。子どもたちの相続税を何とか少なくしてやるには、自社株式の評価引下げがとても大事だと思います。

西園寺先生には今までに自社株評価の仕方を随分教えていただきました。もし私に何かあった場合、会社が動揺しないように、今のうちに自社株式の評価を引き下げて、株式も代表権も譲って内外に後継者を示す時期が来ていると思います。ぜひ、自社株式の評価を引き下げる方法を

教えてください。」

と真剣に聞いてきました。

自社株式の評価額を下げるには

「株式会社横浜飲茶工房の相続税評価額は類似業種比準価額が2000円、純資産価額は10000円と、純資産価額の方がはるかに高くなっています。この場合、自社株式の評価額を下げる基本は会社規模を大きくすることです。そのためには、従業員数の増加、総資産価額の増加、取引金額の増加が必要です。合併や営業譲受などすれば達成することになりますが、それ以外の場合はそう簡単なことではありません。容易に実行できる方法として、借入れをして新規投資や資産の有効活用

〈株式会社横浜飲茶工房の自社株式の会社規模の判定〉

株式会社横浜飲茶工房
製造業／従業員数45人、総資産６億円、売上高10億円
⇒中会社の中

【会社規模の判定表】

会社規模		従業員数	総資産価額（帳簿価額） 卸売業	総資産価額（帳簿価額） 小売・サービス業	総資産価額（帳簿価額） 左記以外	取引金額 卸売業	取引金額 小売・サービス業	取引金額 左記以外
大会社		100人以上						
大会社		50人超100人未満	20億円以上	10億円以上		80億円以上	20億円以上	
中会社	大	50人超100人未満	14億円以上	７億円以上		50億円以上	12億円以上	14億円以上
中会社	中	30人超50人以下	７億円以上	４億円以上		25億円以上	６億円以上	７億円以上
中会社	小	５人超30人以下	7,000万円以上	4,000万円以上	5,000万円以上	２億円以上	6,000万円以上	8,000万円以上
小会社		５人以下	7,000万円未満	4,000万円未満	5,000万円未満	２億円未満	6,000万円未満	8,000万円未満

第１次判定　①どちらか下の区分

第２次判定　②どちらか上の区分

をすれば総資産の額が大きくなりますので、会社規模も大きくなることが考えられます。

株式会社横浜飲茶工房は従業員数45人、総資産価額6億円、取引金額10億円の製造業ですので、会社規模は中会社の中となります。類似業種比準価額（２０００円）の割合が０・７５、純資産価額（１００００円）が０・２５の併用方式で株式評価額が４０００円となっています。

中会社の中を維持するためには、取引金額7億円以上であれば問題ありませんが、売上が7億円を切ってしまうと問題です。中会社の小となってしまい、類似業種比準価額の割合が0.6となり、評価額が５２００円と一気に上がることになるからです。」

具体的に自社の数字で説明してもらうと、非常によく数字のマジックがわかるので、境社長は意欲満点に、

「西園寺先生、これから売上増大を目指すのに、よりやる気が湧いて

きました。」

と自信に満ちた表情です。

それを見て西園寺税理士は満足気に

「そうですよ。もし頑張られて売上金額が14億円以上になりますと中会社の大になり、類似業種比準価額の割合が0.9となり評価額が2800円と、今の半分位になる可能性もあるのですよ。」

とさらにハッパをかけました。

境社長はますます、目を輝かせながら

「すごいですね。それはますます経営の励みになります。」

といよいよ笑顔満点です。

「どうしても売上高が7億円を切りそうなときは、もう少し社員を採用して従業員数50人超にし、かつ、借入してでも総資産を増やし総資産価額4億円をキープすれば、中会社の中を維持することができます。

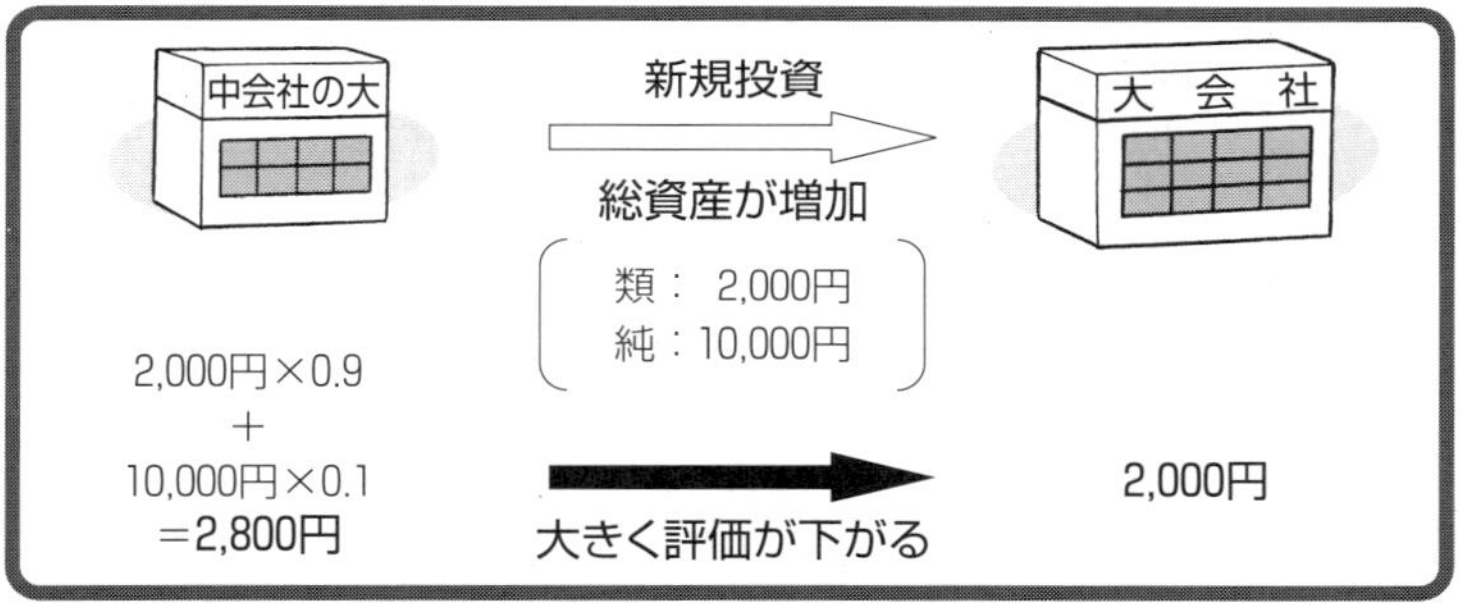

ただ、業種によって違いますので、人にアドバイスするときは注意してください。」

との西園寺税理士の丁寧なアドバイスに境社長は、会社が調子を落としたときのこともよく考えておかないといけないなと気を引き締めました。

「これをしっかり守るだけでも、自社株式の評価額は大きく異なるのがわかりました。株式を引き継ぐときには細心の注意が要りますね。その他に株式の引下げができる方法はあるのですか。」

新たな対策にも境社長は興味深々です。

類似業種比準価額の引下げ方法

西園寺税理士もそれに応えて
「では、まず類似業種比準価額を引き下げる方法からご説明します。

類似業種比準方式では、業種の類似した上場会社の平均株価をもとにして、その会社の実績（1株当たりの配当金額・利益金額・純資産価額）を上場会社と比較して評価額を調整します。この中でも利益金額の調整割合が5分の3と大きくなっており、利益が大きいと株価が高くなります。

類似業種比準価額を下げるには各要素を下げればいいのですから、1株当たりの配当金額や純資産価額、特に利益金額を引き下げる対策を立てることになります。」

と自社株式の評価引下げの原則を話しました。

ところが、利益調整に苦労して多額の法人税を払ってきた境社長は少し困った顔をして、

「利益調整なんていうのはそんなに簡単にできないと思います。」

とつぶやきました。

西園寺税理士は即反応して、

「だから、将来必要な支出を相続や贈与前にすると考えてください。会社の利益を引き下げるには、ボーナスをはずむとか、借入金で物件を取得するとか、古い機械を新しいものに換えるとか、寄附金を多く出すとかいった方法を使いますが、おっしゃったように利益調整はそんなに簡単ではありません。」

とうなずきながら続けます。

「そこで、高値掴みした不動産や株式の下落による含み損を思いきっ

て実現することを考えます。なぜならいくら時価が下がっても、類似業種比準価額の1株当たりの利益や純資産価額は税務上の数値を使いますので、どれだけ含み損があっても株価は下がらないからです。よって、含み損を実現させると利益が下がるだけでなく、簿価純資産価額も引き下げることができるのです。

また、事業再編により役員に昇格した人や子会社に転籍した従業員に、即時に退職金を支給すれば、利益額が圧縮されます。どちらも将来必ず発生する費用ですが、支払わない限り税務上の利益を下げることはできません。

その他に資産の特別償却をする等の経費を発生させることも当然利益の引下げになります。しかし、将来に収益を生むものに投資しなければ、ただの出費になることに注意してください。」

次から次へと出される提案に、さすがの境社長も感心しきりです。

「なるほど、だんだん面白くなってきました。次は1株当たりの純資産価額を引き下げる方法ですね。」

と、早速境社長は西園寺税理士に、次の展開を促します。

「類似業種比準価額を算出するにあたっての純資産価額は簿価によります。帳簿上に現れていない含み損を実現することは株価を下げる要因となるので、ぜひ社外に売却したり実際に支払ったりして含み損を実現するといいでしょう。」

と西園寺税理士は、今度は類似業種比準価額の比準要素のひとつである1株当たりの純資産価額の引下げについて説明しました。

含み損の実現は大きな決断のいる対策だなと境社長は思案顔です。実行すべきかどうかは、メイン銀行としっかり話し合った上で決めなくては…と慎重です。

〈類似業種比準価額の評価は下がる〉

株式会社横浜飲茶工房（中会社の中）
ⓐ：186円　ⓑ：8.4円　ⓒ：196円
ⓓ：1623.6円
発行株式の発行価額：50円／株
株式評価額：999円

※
ⓐ＝類似業種比準株価
ⓑ＝1株当たりの配当金額
ⓒ＝1株当たりの利益金額
ⓓ＝1株当たりの純資産価額

簿価純資産 3億2,472万円 うち旧倉庫用地 5,000万円 → 旧倉庫用地を2,000万円で売却 → 売却後簿価純資産価額 2億9,472万円

＝

1株当たり純資産価額 1623.6円 → 1株当たり純資産価額 ⓓ1473.6円

3億2,472万円÷20万株≒1623.6円
2億9,472万円÷20万株≒1473.6円

【1株当たりの利益金額】

売却損　5,000万円－2,000万円＝3,000万円（利益減少）
3,000万円÷20万株＝150円／株（1株当たりの利益減少額）
196円－150円＝46円／株

【株式評価額（類似業種比準方式）】

$$\overset{ⓐ}{186} \times \left[\frac{\overset{ⓑ}{\frac{8.4}{4.4}} + \overset{ⓒ}{\frac{46}{18}} \times 3 + \overset{ⓓ}{\frac{1473.6}{279}}}{5}\right] \times 0.6(\text{中会社}) = \underline{\underline{333\text{円}}}$$

（少数第2位を四捨五入）

そこで境社長は、

「最後は1株当たりの配当についての対策ですね。」

と次の質問に頭を切り替えました。今度は、西園寺税理士は配当について説明します。

「株式の評価の計算では、配当金額は直前期末以前2年間の平均を用いるのですが、一時的な記念配当や創立10周年記念配当といった特別配当など、毎期継続性のないものは配当金額には含みません。創立10周年記念配当はしたものの、儲かっていないから定期的な配当は無配にするということもあり得ます。

このようにすれば、特別配当は計算に含まれないので、配当金額はゼロということになります。配当については法人税では経費とはなりませんので、通常の配当は最小限に抑えた方が相続税の節税にも法人税の節税にもなるでしょう。」

〈類似業種比準価額の評価引下げチャート〉

1株当たりの利益を下げる

- 含み損の実現→利益も下がるし、資産も減少する
- ボーナスを増やす
- 役員昇格者・転籍者に退職金支給する
- 借入金で資産を取得する

↓

ただし、将来の利益を確保するために投資しなければ、無意味

↓

1株当たりの配当を下げる

- 直前2年間の配当額の平均で算定
- 普通配当を減らし、「特別配当」「記念配当」を増やす

↓

株価評価の基準となる配当額は小さいが、株主の手取りは多い

↓

1株当たりの純資産額を下げる

利益を下げる方法の実現で純資産額も下がる

↓

株価を下げて贈与・相続

何も考えずに配当をしてきた境社長は、ちょっとショックを受けました。

「ちょっとびっくりしました。でも、賢く類似業種比準価額を引き下げる対策をすれば、会社を筋肉質にして将来性のあるものに変えられるのですね。」

西園寺税理士は、

「そうなのですよ。自社株式の評価減対策なんて経営にマイナスだよという人もおられますが、それこそ経営手腕のひとつともいえるでしょう。」

と力説しました。

純資産価額の引下げ方法

西園寺税理士は、今度は純資産価額を引き下げる手法について説明を続けます。

「純資産価額を引き下げる手法は、原則として、個人の相続税対策と同じ手法を用います。特に境社長の場合はこの方法が最大の鍵となります。境社長の退職に伴い多額の退職金を払った場合、利益が下がり、純資産価額も下がりますので、株式会社横浜飲茶工房の株式評価額は大きく下がることになります。」

この話を聞いて、今更ながら自分のことに気づいた境社長は、どうすべきかを取締役会できちんと検討することにしました。

「そうなんですね。会社にとっての将来発生する一番大きな支出は、長年取締役としてがんばってきた私や夫の退職金だったのですね。この高額な退職金の支給に際し、課税上、特に気をつけなければならないことはありますか。」

と確認をとってきた境社長に、西園寺税理士はきちんと詳細に問題点を列挙しました。

「税務上、課税当局に認めてもらうには、特に次のようなことに留意する必要があります。支払った退職金が法人の損金として認められるには次のような条件があり、これを満たさないと、退職金を支給しても法人税も自社株式も安くなりません。何よりも、実質的に引退したとの立証が必要なのです。

1つ目は、常勤役員が非常勤役員になるときや取締役を退任し監査役になったときで、退職金を支払った後の報酬が従来の半額以下になることです。

2つ目は、実際に引退し、実質的に経営上重要な地位を占めていないことです。

3つ目は、決して代表権を持たないことです。」

と税務上の実質的な退職について説明し、次に過大な役員退職報酬額にならないようにと注意しました。

「一般的には『最終月額報酬×役員勤続年数×功績倍率』で計算することになりますが、過大になると法人税法上否認されます。

もうひとつ、役員退職金規程に基づき所定の手続を経なければなりません。きちんと整備された役員退職金規程、及び取締役会と株主総会の決議が必要ですので、後々トラブルにならぬようきちんと議事録に残しておくことが条件です。

なお、この効果は、死亡時に退職金として支払った場合も同様です。」

と聞き、自分や夫の退職金についてはしっかりと課税上の要件をクリアしようと、境社長は決意しました。

西園寺税理士は、会社の取締役に対して役員退職金を支払うには、会社法上の規制があることから、いつも法律的な論点について相談すると気軽に答えてくれる東山弁護士の顔を思い浮かべました。

「境社長、会社が取締役に対して役員退職金を支払うには会社法上も注意することがありますので、私が懇意にしている東山弁護士に、この点について確認してみますね。」

と話して、その場で東山弁護士の事務所に電話を入れました。

幸いなことに、東山弁護士が事務所に在席していたので、西園寺税理士は、東山弁護士に早速確認をしてみました。

「東山先生、先日はどうもありがとうございました。ところで、今日お電話させていただいたのは、今、私のオフィスに境社長が会社の承継のご相談にいらっしゃっているのですが、後々トラブルが生ずることのないよう、代表取締役を辞任したオーナー社長に役員退職金を支払う際の法律上の注意点を教えていただきたいのですが…。」

東山弁護士は、会社の承継につきものの役員退職金の支給についてだと理解して、すぐに西園寺税理士に答えてくれました。

「西園寺先生もご存知のとおり、中小企業において役員退職金を支給する際に注意すべき点は、株主総会で退職金の額を明示して支給の決議をするか、額を明示しない場合には合理的な役員退職金規程をあらかじめ整備しておいて、その規程に従って役員退職金の額を確定して支給するので、その旨を取締役会に一任してもらうかの、いずれかの決議をきちんと行うことです。要するにお手盛りで、勝手な退職金額を決定したといわれないように、きちんと手続を実行しておくことですね。」

西園寺税理士は、東山弁護士から聞いた注意点とともに境社長に退職金の支給の際に気をつけるべきことをアドバイスしました。

〈代表者の退職金〉

退職金として数億円の支出（特別損失）

利益の大幅な減少	現預金が減少
↓	↓
類似業種比準価額の低下	純資産価額の低下

株価が大きく下がる‼

退職金の支払い時期 ⇒ 株式の承継に最も効果あり‼
中期経営計画に承継プランを加えて計画的に実行‼

★類似業種比準価額を下げるには、相続開始前に「生前退職金」を支給することが効果的‼

「いい方法をお聞きしました。ぜひ、しっかり確認して、円満な会社の承継に成功するために、効果的な代表者の交替にしたいと思います。」

と境社長はニッコリと満足気です。

役員退職金支給
役員退職金規程
過大な役員
退職報酬額
代表権
税務上・法律上の注意点をしっかり確認しましょう
株主総会の
決議

不動産投資による株式の評価減

西園寺税理士は、境社長が会社の将来や見通しについて具体的なイメージを持っているのを知り、さらなる提案をします。

「会社の経営計画と連動して考えていただきたい対策もあります。本業のための設備投資や遊休地の有効活用です。

家屋は固定資産税評価額で評価しますので、本業のための設備投資で工場や本社社屋を取得すると評価引下げ効果があります。本業で勝ち残るための合理化投資や能力強化投資をすれば、結果的に自社株式の引下げ対策となるのです。

逆に、海外移転などで工場用地や本社用地が不要になった遊休地について、余裕資金を活用して賃貸物件等を建ててはいかがでしょうか。自己資金の有効活用と自社株式の評価減対策という双方の視点から、有利な方法といえます。

なぜなら、会社で賃貸建物を建てても、個人で建てるのと同じように自社株式において評価減の効果があるからです。取得した不動産が賃貸物件なら、土地は貸家建付地として路線価（公示価格の80％ぐらい）で評価した金額から〔借地権×借家権〕の割合を差し引いた額が評価額となり、家屋は貸家として固定資産税評価額から借家権割合（30％）を差し引いた額となります。現金と比較すると、それぞれかなりの評価減になるのです。」

会社の不動産については銀行やハウスメーカーからさまざまな提案を受けてきたので、境社長にはその節税効果がよくわかりました。ただ、不動産を活用した対策が自社株式の評価にそんな影響があるとは考えたこともありませんでした。

〈不動産の取得による自社株式の評価減効果〉

B/S

預　　金	1.5億円	資本金	1.5億円	⇒ 自社株式の純資産価額 1.5億円

預金1.5億円と借入金２億円で土地を購入しマンションを建て賃貸する（土地価額1.5億円、建物価額２億円）

B/S

建　　物	2億円	借入金	2億円
土　　地	1.5億円	資本金	1.5億円
合　　計	3.5億円	合　　計	3.5億円

３年経過後には相続税評価で評価できるため

B/S（相続税評価）

賃貸建物	※1 8,400万円	借入金	2億円	⇒ 自社株式の純資産価額 0円
土　　地	※2 9,840万円			
合　　計	1億8,240万円			

1.5億円の預金が０円の株式に⇒ **約100%評価減**

※１　２億円×0.6×(１−0.3)　　　＝8,400万円
※２　1.5億円×0.8×(１−0.6×0.3)＝9,840万円

「認識を新たにすることばかりです。自社株式引下げ対策や相続税対策は後ろ向きで会社によくないのかと思っていたら、大きな勘違いでしたね。会社の事業計画と自社株式の評価をしっかり理解しておけば、自社株式の承継も会社経営もうまくいくのがよくわかりました。」

と境社長は心から嬉しそうです。

西園寺税理士は、その笑顔を見て自分も嬉しくなりましたが、最後のアドバイスをきっちり伝えました。

「ただ、気をつけてくださいね。自社株式の評価は、前事業年度末を基準として評価します。これらの事由があったり、対策をしたのにほったらかしたままでは評価減の効果がなくなってしまいます。

特に、類似業種比準価額は2年間の平均値を使いますので、必ず2事業年度内に贈与をすることをお勧めします。さもないと株式の評価は上がってしまい、せっかくのチャンスを逃すことになってしまうからです。」

〈純資産価額を引き下げる手順〉

純資産価額は、次のような手順で引き下げることができます。

1．会計処理の見直し
① 回収不能の債権の切捨てを検討
② オーナーの早期の生前退職金の支給
③ 不良債権の償却（含み損の実現）
④ 従業員退職金の社外積立制度の導入

↓

2．会社分割等 会社法施行によりチャンス到来！
① 収益部門を切り離し新会社へ移行する
② 含み資産を子会社に移転する
③ 債務の多い会社と合併する

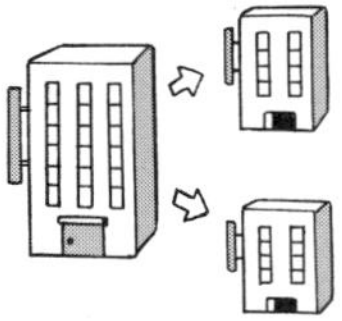

↓

3．土地・建物の取得
相続税評価額との乖離を利用する

↓

4．内部留保益の抑制
内部留保益が増加しないように社外流出を図る

↓

5．オーナーの株数を減少させる
① 会社の承継者への贈与は贈与分岐点で判断する
② 従業員持株会など第三者へ引き渡す

西園寺税理士からいろいろ聞いた境社長は、目から鱗が落ちた気がしました。会社の承継や自社株式対策は賢く信念を持って行うと、非常に会社の将来に役立つものだし、反対に、自利自利で自分たち家族のためだけに考えると、会社の将来のみならず、家族の将来にも歪が出るのだなと実感しました。これからも会社の将来を見据えながら、西園寺税理士の本格的な提案を実行し、関係者全員と明るく楽しく元気よく、会社の承継に取り組んでいこうと思いました。

〈株価が下がったところで生前に贈与〉

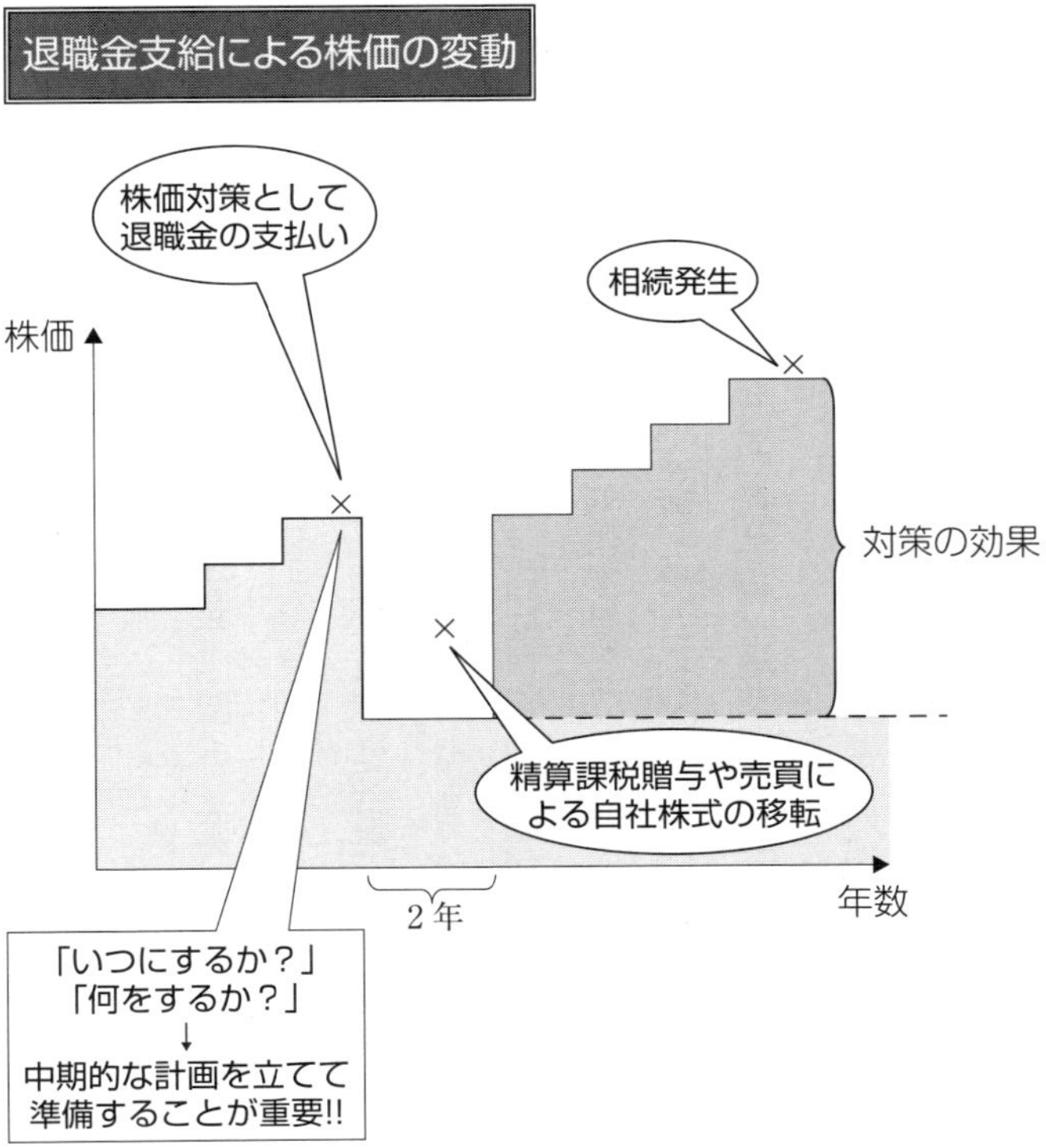

ポイント

① 従業員数・総資産価額・取引金額により会社規模が変わるので、会社の内容に要注意

② 類似業種比準価額が純資産価額より低い場合には、会社の規模を大きくし、類似業種の割合を高める

③ 含み損の実現や将来必要な支出を実現することは、利益や純資産価格が下がるので自社株式の評価減対策となる

④ 代表者の退職時など、自社株式の評価が下がったときに後継者に贈与するなどの対策をするのがベスト

⑤ 代表者の退職金は株主総会で額を明示して決議するか、合理的な基準があることを示し、基準に従って退職金額を決定することにつき決議する

⑥ 新規の不動産投資をした場合も投資額より相続税評価額が低いことが多く、自社株式の評価額が下がることが多い

Ⅳ

会社承継を納税猶予で解決する処方箋

自社株式と会社所有の資産をどう相続させるか藤野社長は奮闘中

名古屋機械工業株式会社の藤野社長は、長男に会社を継がせると決めていますが、他に多くの財産がないため、他の子どもたちが取り分を要求するかもしれないと心配になってきました。自分の生前に他の子どもたちの同意を得て、会社が安定的に経営していけるように経営権と相続税の納税資金の確保を図っておきたいと考えています。

※　このケースは、本書の姉妹本である「これで解決！　相続＆相続税　プロが贈る８の処方箋／坪多晶子・江口正夫」（2011年10月20日発行）の「Ⅷ　中小企業の円滑な事業承継のための処方箋」をベースに、税制改正等について加筆したものです。

藤野社長のケース

藤野昌孝さんは、工作機械の製造販売を営む会社を創業し、代表取締役社長を務めています。妻を2年前に亡くし、現在では長男の裕貴が専務取締役を務めています。長女の彩は結婚して他家へ嫁ぎ、次男の誠は証券会社で働いています。

会社の株式は、現在、藤野社長が90%、長男で専務の裕貴が10%を保有しています。藤野社長の財産は、自社株式・会社に賃貸している社屋等の会社所有の資産・預貯金その他の財産となっています。藤野社長は仕事一筋の性格で、儲けをすべて会社に注ぎ込んできたため、自社株式と会社所有の資産で、財産の相続税評価額の約半分となる状態です。

長男の裕貴は最近、専務としての自覚も出てきて会社経営に意欲を燃やしていますが、長女の彩、次男の誠は藤野社長の会社の経営に関してはまったく関心を持っていません。

しかし、藤野社長の相続の際には、相当の財産を分けてもらえるものと期待をしているようです。藤野社長としては、自分に万一のことがあった場合、会社が安定的に経営していけるのか不安を覚える毎日です。

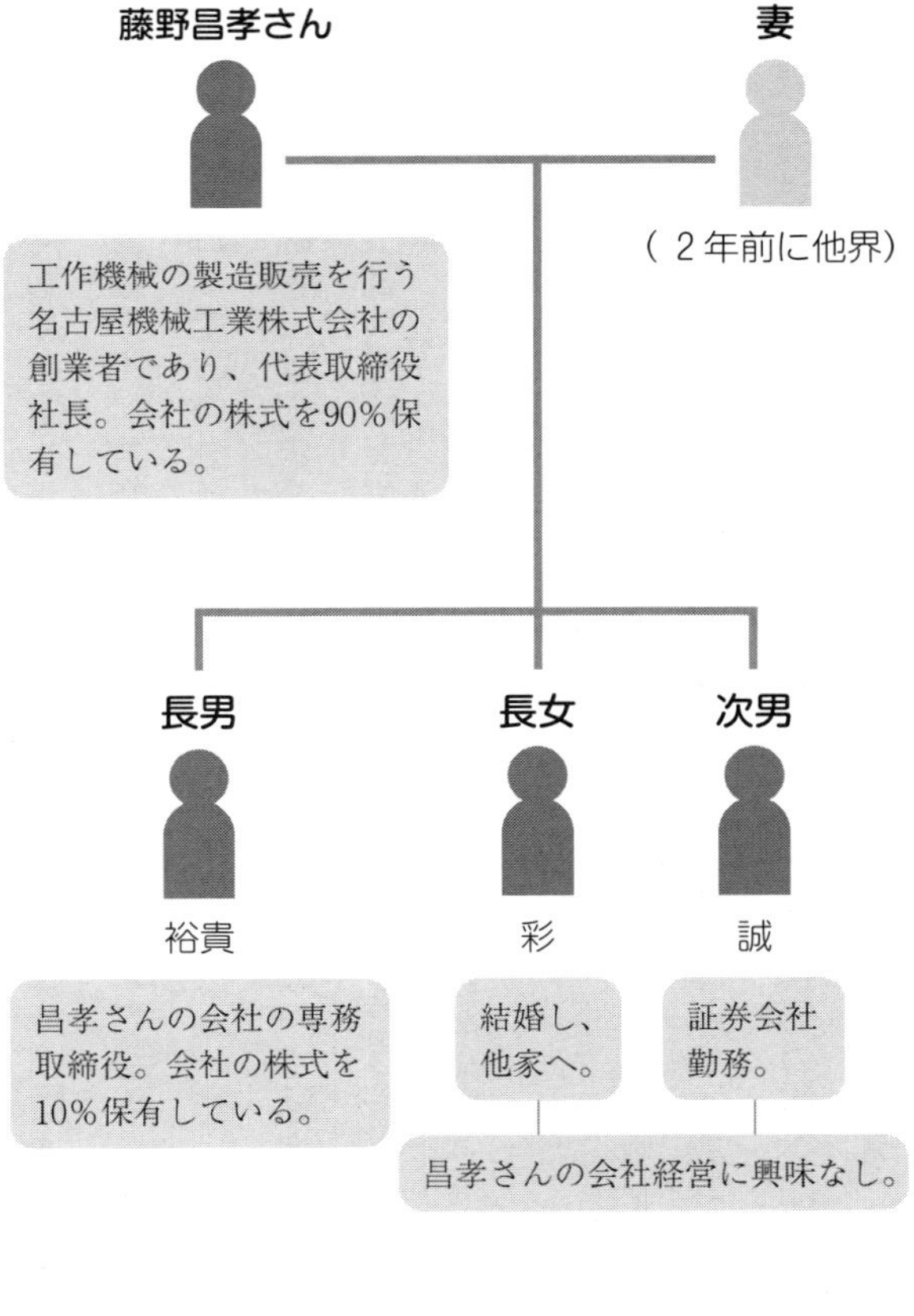
藤野昌孝さん
妻
（２年前に他界）
工作機械の製造販売を行う名古屋機械工業株式会社の創業者であり、代表取締役社長。会社の株式を90％保有している。
長男
長女
次男
裕貴
彩
誠
昌孝さんの会社の専務取締役。会社の株式を10％保有している。
結婚し、他家へ。
証券会社勤務。
昌孝さんの会社経営に興味なし。

藤野社長は、創業以来30年以上にわたり、幾多の経営上の危機を乗り越えて会社を維持してきました。長年にわたって苦労した末にここまで大きくしてきた会社です。苦楽を共にした従業員の将来のためにも、何としても次世代にまでこの会社を残したいという思いは人一倍強く、そのためにも、後継者には安定的に会社を経営できるだけの、経営権の源泉ともいうべき会社の株式を少しでも多く相続させたいと考えています。

ところが、藤野社長には相続人である子どもが3人いるため、会社の後継者に予定している長男の法定相続分は、全遺産のわずか3分の1しかありません。藤野社長の財産は、どう計算しても自社株式の評価が高く、自社株式と会社所有の資産だけで総財産の半分を超えています。そのため、このままでは法定相続分が3分の1しかない長男の裕貴は、自社株式はおろか会社所有の資産を相続することすら覚束ない状況です。

藤野社長としては、後継者である長男の裕貴が安定経営できるだけの自社株式を相続させ、しかも紛争の起きない相続の方法を考えなければなりませんが、どうしていけばいいのか、何から手を付けていけばいいのか、なかなかいい案も浮かびません。

藤野社長は、まず後継者である長男の裕貴が安定して経営できるだけの自社株式を相続させ、しかも紛争の起きない相続の方法として、法律上どのような方法があるのか、その場合に税務上どのような点に注意して、どのような税務対策を取ればいいのかを確認する必要があると考えました。

今回のように会社の事業の存続自体を図る会社の承継の問題は、法律の専門家と税務の専門家の両者の助けを借りる必要があると考え、藤野社長は、会社でこれまでアドバイスを受けてきた東山弁護士と西園寺税理士の顔を思い浮かべました。

藤野社長は早速、東山弁護士の法律事務所へ電話をかけてみました。

「もしもし、名古屋機械工業株式会社の藤野ですが、東山先生はいらっしゃいますか。」

と尋ねると、秘書の女性が取りついでくれ、東山弁護士の声が電話口から聞こえてきました。

「もしもし、弁護士の東山です。藤野社長、この前にお会いしたのはもう2か月も前ですね。お元気でいらっしゃいますか。」

といつもの明るい声が聞こえてきました。

藤野社長は、東山弁護士の声を聞くと、

「先生、私はいつだって元気ですよ。よくご存知じゃありませんか。元気は元気なんですけど、ちょっと東山先生に折り入ってご相談したいことがありまして。」

と自分の相続について相談がしたいと打ち明けました。

東山弁護士は、藤野社長の相続についての話であると聞いて、

「藤野社長の相続となると、名古屋機械工業株式会社の承継の問題が絡んでくることになりますね。そうすると、法律の問題と税務の問題とをバランスよく考えていく必要があります。藤野社長もよくご存知の、税理士の西園寺先生を交えてご相談をお受けする方がいいかもしれませんね。」

と話しました。

「東山先生、私もそう思っていたんですよ。西園寺先生は資産税のエキスパートだし、東山先生と西園寺先生とご一緒に話を聞いていただければ鬼に金棒ですからな。」

「まぁ、私はともかくとして、西園寺先生は自称大和なでしこですが……、金棒のように実に頼りになりますからね。」

と東山弁護士は楽しそうに話して、西園寺税理士に連絡を取ってくれました。翌週に東山弁護士の事務所で、藤野社長と西園寺税理士の３人で、藤野社長の相続において問題となる点を検討することを約束してくれました。

会社の承継と株式の帰属

——東山弁護士の法律事務所で——

藤野社長は、東山弁護士と西園寺税理士を前にして、これまで悩んできたことを打ち明けます。

「先生方はよくご存知だと思いますが、私は仕事一筋でやってきて、ほとんど道楽もせずに、これまでの利益を会社に注ぎ込んできましたので、私の財産といったら、自社株式と会社に賃貸している社屋用の土地建物などの会社所有の資産、それ以外には預貯金と有価証券類がある程度です。できれば、自社株式と会社が使用している会社所有の資産については長男の裕貴に相続させて会社の将来を託したいのですが、これは可能ですかね。」

するど、名古屋機械工業株式会社の経理を含め藤野社長の状況をよく知っている西園寺税理士が、藤野社長の財産評価について話してくれました。

「藤野社長の自社株式評価については、毎年決算報告と同時に私が行っていますので、相続税評価についてはご安心ください。

また、藤野社長からのご依頼で昨年財産の棚卸をし、相続税法上、財産評価がいくらくらいで、相続税がどれくらいかかるかを試算したものがあります。それによると、結論からいえば、今のままだと自社株式の評価が高いので、相続税評価額を基準とした場合、株式と会社に賃貸している不動産を加えると藤野社長の全遺産の半分を超えてしまっています。仮に専務の裕貴さんが株式と会社所有の資産を相続するとなると、裕貴さんに認められている法定相続分は3分の1ですから、大幅に法定相続分を超えることになってしまいますね。」

藤野社長は、西園寺税理士の説明を聞いて、

「それでは裕貴が株式と会社所有の資産を相続するという遺産分割の話は、まとまりそうにありませんね。東山先生、私が自社株式と会社所有の資産をすべて裕貴に相続させるという遺言書を作成した場合にはどうなるのですか。」

と尋ねました。

遺言はあっても遺留分は残る

東山弁護士は、丁寧に藤野社長に説明してくれました。
「藤野社長、遺言は大変有益なものであるけれど、限界がないわけではないのです。国によって遺言に関する制度は異なりますが、わが国では、遺言によって被相続人が各相続人の相続分を指定したり、具体的な遺産分割の方法を指定したりすることができます。ただ、各相続人には、わかりやすくいえば遺言でも奪うことのできない最低限の取り分ともいうべき『遺留分』が認められています。

藤野社長がご長男の裕貴さんに、遺産の大部分となる自社株式と会社所有の資産を相続させる旨の遺言書を作成した場合、長女の彩さんと次男の誠さんの遺留分を侵害することになってしまいます。この場合に

遺留分減殺請求の対象	①　遺贈 ②　相続開始前１年以内の贈与等 ③　特別受益としての贈与 ④　不相当な対価による有償行為 ⑤　遺言による被相続人の相続分の指定

は、彩さんと誠さんがそれに不満を感じて、裕貴さんに対し遺留分減殺請求を行うことがあり得ます。遺留分減殺請求は、彩さんと誠さんの遺留分を侵害することになる遺贈や特別受益としての贈与、遺言による被相続人の相続分の指定等に対して、遺留分を侵害する範囲でそれらの効力を否定するものです。よって、遺産の半分を超える自社株式と会社所有の資産を裕貴さんに相続させる旨の遺言を作成すると、遺贈か遺言による相続分の指定に該当し、減殺請求の対象となり、その効力が否定されることがあり得ます。もっとも、遺留分減殺請求をするかしないかは、彩さんと誠さんの意思次第であり、お2人が1年以内に遺留分減殺請求をしなければ遺言どおりの結果になります。

もし、遺留分減殺請求が実際に行われたとすると、裕貴さんは遺留分相当額の財産をお2人に交付しなければならなくなります。裕貴さんとしてはこれに追われ、会社の経営どころではなくなってしまうことが懸念されますね。」

遺留分に関する民法の特例等

藤野社長は、遺言書を書かないと、株式は相続人全員が法定相続分の割合で準共有することとなる場合があり、経営に支障が生ずるのみならず、たとえ遺言書を書いたとしても、遺留分の問題を生じた場合には充分な対策とはなり得ない場合があることがわかりました。そこで、遺留分の問題をどのようにすれば解決することができるのかが気になり、

〈円滑化法による支援措置〉

民法の特例	遺留分権利者全員の合意と一定の手続を経て次の2つの民法上の特例 ① 贈与株式等を遺留分算定基礎財産から除外できる ② 贈与株式等の評価額をあらかじめ固定できる
金融支援	経営の円滑な承継のための資金融資制度 ① 中小企業信用保険法の特例 ② 日本政策金融公庫法の特例
課税の特例	租税特別措置法 非上場株式等の相続税の納税猶予制度 非上場株式等の贈与税の納税猶予制度

「東山先生、遺留分の制度があると、いくら裕貴に自社株式を相続させることにしても、もめてしまうことになりますか。」

と尋ねました。

「平成20年5月まではそのとおりでした。しかし、今では中小企業における経営の承継の円滑化に関する法律（以下「円滑化法」という。）が施行され、①遺留分に関する民法の特例、②経営承継のための金融支援制度、③相続税・贈与税の非上場株式の納税猶予制度の3つの支援措置ができました。

藤野社長はこの措置のうち、「遺留分に関する民法の特例」と「相続税・贈与税の非上場株式の納税猶予制度」を活用されてはいかがでしょうか。」

と東山弁護士は円滑化法の制度について、簡単に藤野社長に説明してくれました。

藤野社長は首をひねりながら尋ねます。

「この『遺留分に関する民法の特例』制度を活用すれば、遺留分の問題は解決するのですか。」

東山弁護士は、

「完全に解決するわけではありませんが、ある程度は解決すると思われますので、まずはこの制度の概要についてお話ししましょう。」

と遺留分に関する民法の特例についてゆっくりと解説を始めました。

「財産承継について民法に従った場合、遺留分制度が大きな制約となって頭を悩ませることになります。特に会社の承継に際し、相続後の会社経営の安定化を優先する場合、後継者が自社株式の過半数以上を取得できることが望ましいのですが、自社株式を生前贈与したとしても、遺言で後継者に取得させたとしても、相続人は、後継者が贈与を受け、又は相続した自社株式等につき遺留分減殺請求をすることができます。

この場合、後継者が遺留分に相当する株式の価値を金銭で賠償できない限り、減殺請求を行使した他の共同相続人は遺留分の割合で後継者と自社株式を準共有することになりますので、後継者が安心して会社を継続・発展させることができるとは限りません。

また、後継者が贈与された自社株式等については、民法の規定によると、株式を相続財産に持ち戻した上で遺留分算定の基礎財産とします。課税上においては、贈与された株式が相続財産に加算される場合、相続時精算課税制度を選択した場合はもちろんのこと、暦年課税の場合も原則として後継者が贈与を受けたときの価額で加算されます。よって、株式の生前贈与がなされた後、後継者が圧倒的な努力をして会社を発展させ、結果として株式評価が上がった場合でも、実際に後継者が贈与を受けた時点での価額で加算されることになりますので、後継者にとっては課税相続財産が増加するわけではありません。

ところが税務とは異なり、法律上は贈与された株式は相続開始時の価額で持ち戻しますので、後継者が努力して株価が上がれば上がるほど、後継者が減殺請求される遺留分の価額が大きくなってしまうという、後継者にとって納得できない問題が生じることになります。これが、民法の規定が会社の承継には向かないといわれる決定的な理由の1つなのです。

円滑化法はこれらの問題点を克服するため、遺留分に関して2つの制度を設けています。まず、贈与株式等を遺留分算定の基礎財産から除外する制度、一般的に『除外合意』と呼ばれている制度を説明いたします。

先代経営者の生前に後継者が株式の生前贈与を受け、経済産業大臣の確認を受けた後に遺留分権利者全員との合意内容について家庭裁判所の許可を受けることを条件に、先代経営者から後継者へ贈与された非上場株式及び一定の財産について、遺留分算定の基礎財産から除外することができることになりました。

この特例により、会社の承継に不可欠な自社株式や一定の財産については遺留分減殺請求を未然に防止できることになりました。今までの民法にも、後継者以外の相続人が被相続人の生前に遺留分を放棄するという制度はあったのですが、この制度は、後継者以外の相続人各自が家庭裁判所に許可の申立をしなければならないため、確実に実行されるか否かについての懸念がありました。ところが、円滑化法では後継者が単独で家庭裁判所に申し立てることができるため、非後継者が自ら遺留分の生前放棄を家庭裁判所に対して申し立てなければならない現行の遺留分放棄制度に比べて手続が簡素化され、確実性が格段に高まるものとされたのです。」

と除外合意の説明後、東山弁護士は続けてもう1つの固定合意について説明します。

「次に、贈与株式の評価額をあらかじめ固定する制度、一般的に『固定合意』と呼ばれている制度を説明いたします。

先程ご説明したように、民法では、贈与後に後継者の奮闘により自社株式の評価が上昇した場合でも、遺留分の算定に際しては贈与時点ではなく、相続開始時点の上昇後の評価で計算されます。これを避けるため、経済産業大臣の確認を受けた後継者が、遺留分権利者全員との合意内容につき家庭裁判所の許可を受けた場合、遺留分の算定に際して、贈与された自社株式の価額を合意時点の評価額（贈与時の評価額）であらかじめ固定できることになりました。この特例により、後継者にとって株式価値上昇分は遺留分減殺請求の対象外となりますので、経営意欲を阻害する要因が排除されたのです。」

藤野社長は、ふむふむとうなずいています。

〈円滑化法における旧代表者・後継者の要件〉

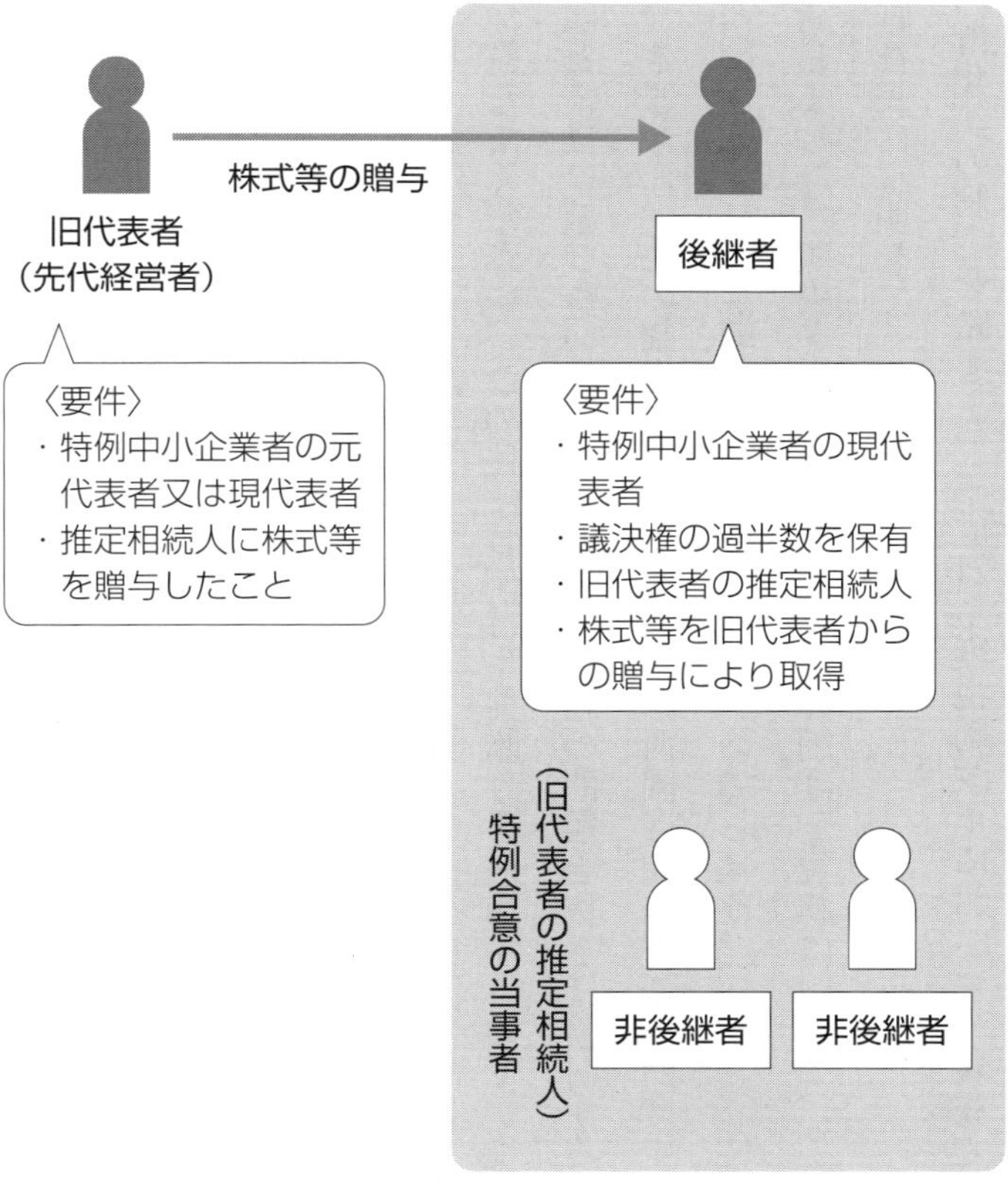

非上場株式の納税猶予制度

その様子を見ながら東山弁護士は、

「ただし、この方法は、遺言の場合には使うことができません。生前贈与の場合にだけ円滑化法の除外合意と固定合意を使うことができることに注意してください。この民法特例は生前贈与を活用するので、税金の問題と密接に結びついていますから、税務の問題を抜きに検討することはできません。この制度の税制については西園寺先生がご専門ですので、西園寺先生にご説明いただいたほうがいいでしょう。」

と話しました。西園寺税理士は円滑化法の制度と税務について、丁寧に藤野社長に説明してくれました。

「円滑化法の制定を踏まえ、平成21年度税制改正において、親族である会社の後継者を対象とした『非上場株式等に係る納税猶予制度』（以下、「事業承継税制」という）が創設されました。また、平成25年度の税制改正により、この事業承継税制をより使いやすくするため後継者の適用対象者を親族以外にも広げ、かつ、経済産業大臣の事前確認がいらないなどの改正が行われ、積極的に活用されることが期待されています。

この制度は、発行済株式の3分の2に達するまでの相続等により取得した非上場株式等に係る課税価格の80％に対応する相続税と、3分の2に達するまでの贈与により取得した非上場株式等に係る贈与税を100％納税猶予するという画期的な特例です。」

「相続税が80％もカットされたり、贈与税がかからなかったり、すごい税金の特例ですね。」

と藤野社長は西園寺税理士の説明に、目を白黒させました。

〈事業承継税制の全体像〉

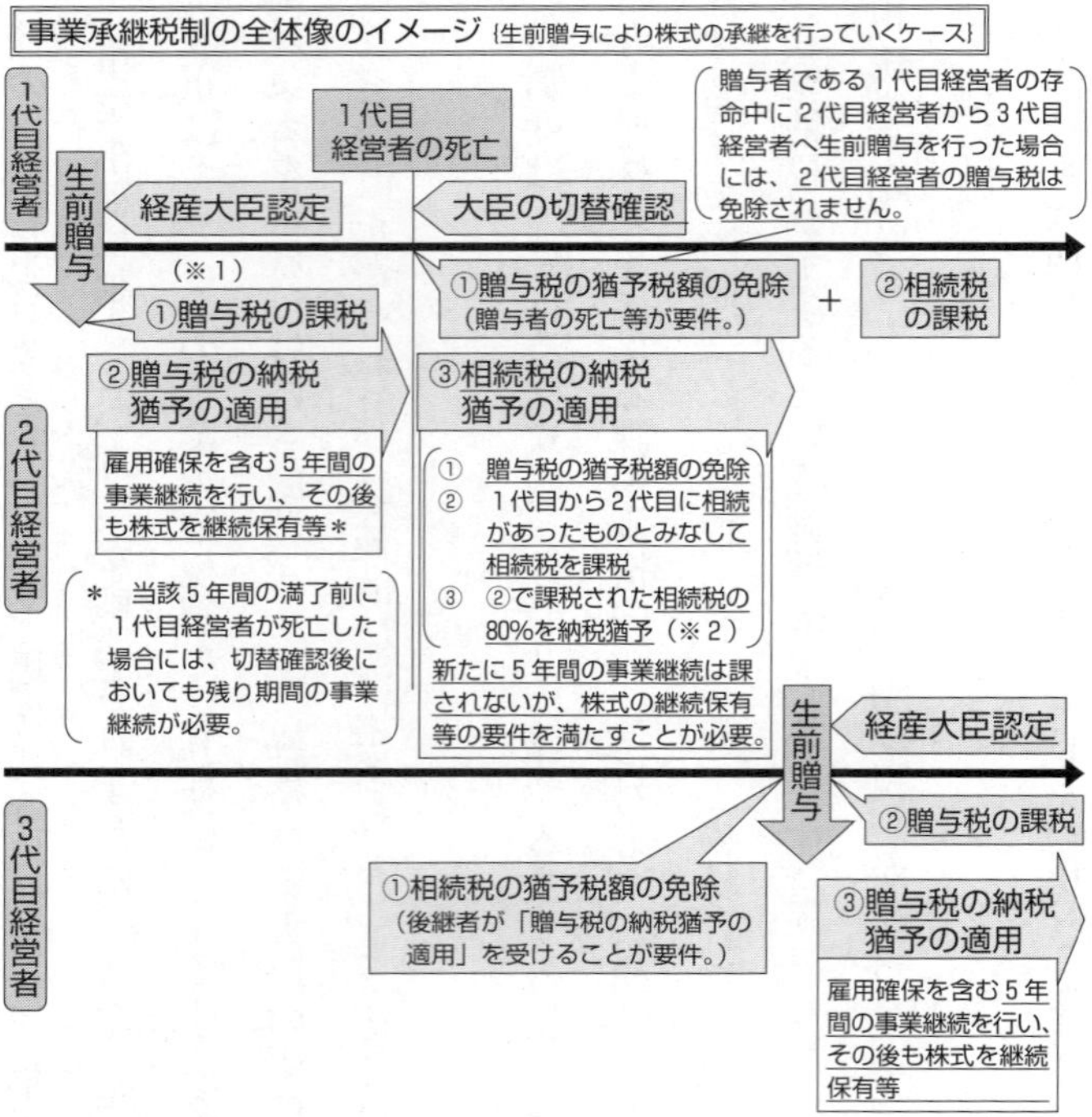
事業承継税制の全体像のイメージ｛生前贈与により株式の承継を行っていくケース｝
1代目経営者
2代目経営者
3代目経営者
1代目経営者の死亡
贈与者である1代目経営者の存命中に2代目経営者から3代目経営者へ生前贈与を行った場合には、2代目経営者の贈与税は免除されません。
生前贈与
経産大臣認定
大臣の切替確認
（※1）
①贈与税の課税
①贈与税の猶予税額の免除（贈与者の死亡等が要件。）
+
②相続税の課税
②贈与税の納税猶予の適用
雇用確保を含む5年間の事業継続を行い、その後も株式を継続保有等＊
③相続税の納税猶予の適用
① 贈与税の猶予税額の免除
② 1代目から2代目に相続があったものとみなして相続税を課税
③ ②で課税された相続税の80%を納税猶予（※2）
新たに5年間の事業継続は課されないが、株式の継続保有等の要件を満たすことが必要。
＊ 当該5年間の満了前に1代目経営者が死亡した場合には、切替確認後においても残り期間の事業継続が必要。
生前贈与
経産大臣認定
②贈与税の課税
①相続税の猶予税額の免除（後継者が「贈与税の納税猶予の適用」を受けることが要件。）
③贈与税の納税猶予の適用
雇用確保を含む5年間の事業継続を行い、その後も株式を継続保有等

（※1）後継者がすでに保有している株式を含めて3分の2に達するまでの部分のみ一括贈与すれば、その贈与分に納税猶予が適用される。
（※2）生前贈与され相続時に相続財産に合算される株式は、相続前に既に保有していた株式を含めて3分の2に達するまでの部分に限り相続税の納税猶予は80%に対応する税額の納税を猶予。

（参考：中小企業庁財務課資料「中小企業経営承継円滑化法申請マニュアル　平成25年4月改訂」P74より）

「ただ、この事業承継税制では、中小企業である非上場会社が経済産業大臣の認定を受けなければならないなど、さまざまな要件を満たすことが必要です。

今までは、先代経営者は役員を退任しなければならなかったのですが、改正により平成27年1月1日以後の贈与からは、藤野社長が代表者を退任すれば取締役に残っていても適用を受けることができるようになりました。よって、次の後継者である裕貴さんが代表取締役になって、裕貴さんがすでに保有している株式と合わせて発行済議決権株式総数の3分の2に達するまでの部分の株式を一括して贈与した場合にも、贈与税の全額が猶予されるのです。」

と贈与時の課税関係を説明し、次に相続時の課税関係について説明を続けます。

「また、贈与をした藤野社長に相続が発生した場合には、猶予を受けている贈与税は免除されるのですが、贈与された名古屋機械工業株式会社の株式の贈与時点の評価額が新たに相続税の課税対象とされます。ただし、この相続時においても経済産業大臣の確認を受けることができると、発行済議決権株式総数の3分の2に達するまでの部分のうち、80％に対応する相続税の納税猶予を受けることができるので、ご安心ください。」

今度は西園寺税理士からもらった説明図を見ているうちに、

「やあ、よく聞いていると、時代劇の武士の隠居に伴うお役目の交代劇みたいだな。」

と藤野社長がつぶやき、東山弁護士と西園寺税理士は笑い出しました。

「藤野社長って、実は時代劇ファンなんですね。でも、どちらかというとこの制度は、戦前の商家の家督相続のようなイメージですね。

つまり、二代目経営者である子が相続税の納税猶予を受け、その後二代目経営者が高齢化し、三代目経営者である孫に経営承継する際に自社株式を贈与したとします。そのとき、贈与税の納税猶予の適用要件を満たしていることを条件に二代目経営者の猶予されている相続税が免除され、新たに三代目経営者が贈与税の納税猶予を受けることができるのです。こんな説明、本当にややこしくて頭の中がクラクラしてきますよね。この図表を渡しますから、これでしっかり理解してくださいね（次ページ参照）。

〈贈与税の納税猶予制度の概要〉

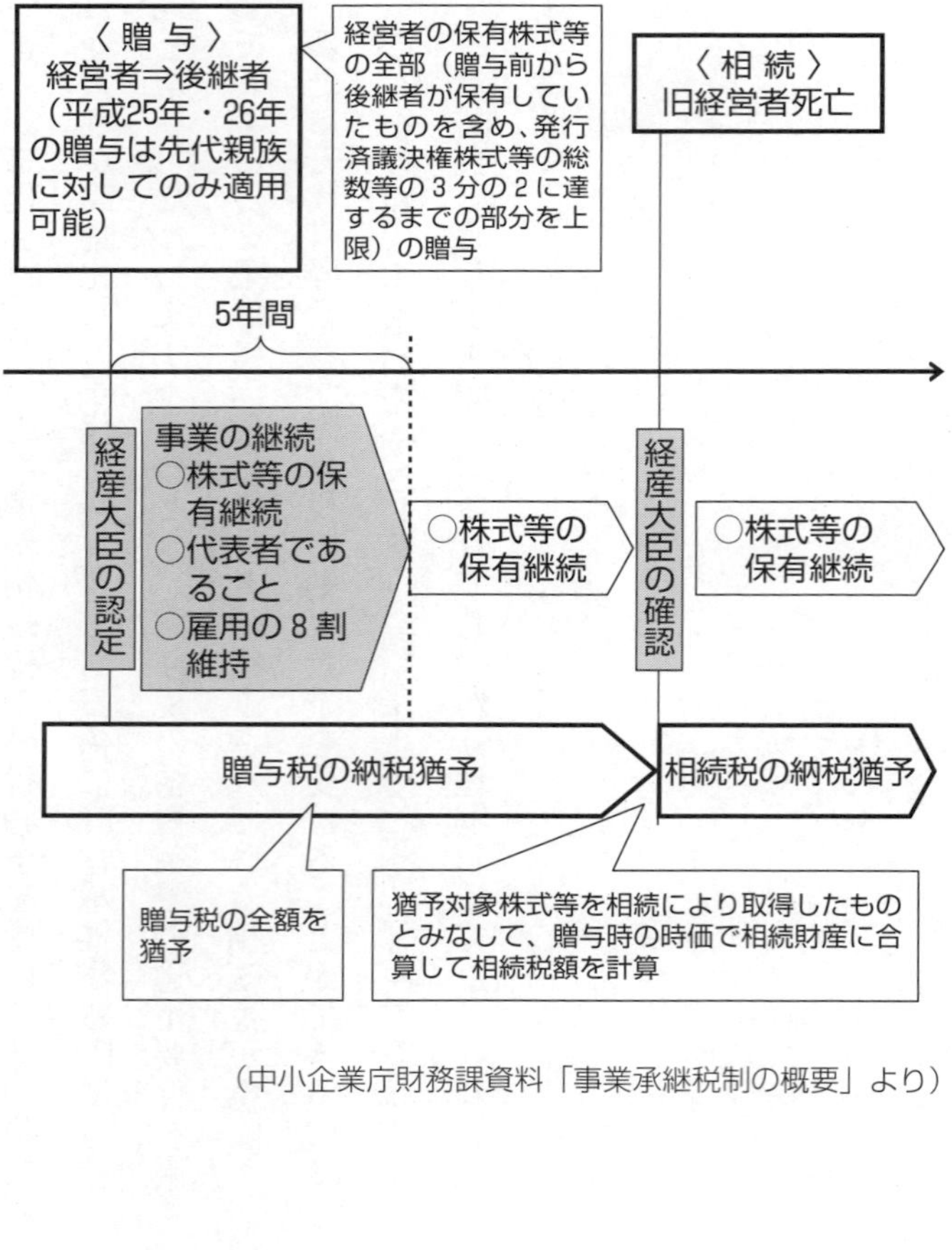

（中小企業庁財務課資料「事業承継税制の概要」より）

また、自社株式の贈与税の納税猶予制度を選択せずとも、一定要件を満たしていれば、単独で自社株式の相続税の納税猶予制度を選択することもできるのですよ。

ただし、贈与税の納税猶予後に相続税の納税猶予を受ける場合と、単独で相続税の納税猶予を受ける場合では、その適用要件が異なりますので、ご注意ください。」

納税猶予の継続要件

いいことだらけのようだけど非常に複雑な制度なので、自分の理解に大きな落とし穴がないか心配になってきた藤野社長は、

「納税猶予は認められたけど、後でとんでもないことになるなんてこ

とはありませんか。」

と確認しました。西園寺税理士は大きくうなずいて、

「ありますよ。実はこの制度、適用を受けた後もしっかり要件を守り続けなければ取り消されるので要注意です。

その要件とは、非上場株式の納税猶予の特例を適用した場合、申告期限から5年間、又は後継者の死亡の日のいずれか早い日までを『経営承継期間』とし、一定の『事業継続』と『全株保有』をしなければならないのです。

きちんと要件が継続されているか確認するため、贈与税又は相続税の申告期限後の5年間は毎年1回、申告期限の翌日から1年を経過する日を基準日とし、基準日から3か月以内に会社は地方経済産業局に報告書を提出し、基準日から5か月以内に後継者は、一定の事項を記載した継続届出書を税務署長に届け出なければなりません。」

との厳しい要件に藤野社長は目を丸くしています。

「なお、先代経営者（贈与者）の死亡に伴って、贈与税の納税猶予から相続税の納税猶予に切り替わった場合に限り、贈与税の申告期限から5年間経営承継要件をクリアしている場合には、先代経営者の相続税の納税猶予への切替えに際して、相続税の申告期限から5年間の『事業継続』と『全株保有』要件は求められません。自社株式の納税猶予の適用を受ける後継者にとっては、相続時か贈与時のいずれか1回、5年間頑張って経営承継要件を充足すればいいといえるでしょう。」

次々に教えてもらう要件に、聞いているだけでも不安がつのってきた藤野社長は、

「納税猶予が取り消され、莫大な税金を払わなければならないリスクはどんな要件ですか。」

と恐ろしげに尋ねました。

さすがの西園寺税理士も心配気に頭を横に振りながら、

「後継者が代表者でなくなった場合や、常時使用従業員数が5年間通算で8割を下回った場合、後継者が同族間で筆頭株主でなくなった場合などいろいろあります。

自社株式の納税猶予の適用を受けたからには、納税猶予取消しが最大のリスクですので、『経営承継期間』中は取消事由に該当しないように細心の注意を払ってください。

特に、雇用要件は後継者がいくら頑張っても外れることも起こり得ますし、筆頭株主要件も他の親族の思いもよらぬ事態で外れてしまうこともあり得ます。要件の継続に不安があると思われる方は、納税猶予を適用しない方がスムーズに会社の承継に成功することもあります。贈与・相続時だけでなく将来も見据えてしっかり判断してください。」

と注意すべき点をしっかりと丁寧に話してくれました。

〈納税猶予を続けるために満たすべき主な要件〉

期間	主な要件【相続税・贈与税共通】	満たせなかった場合
申告期限後5年間	○後継者が会社の代表者であること	全額納付
	○雇用の8割以上を維持していること	
	○後継者が筆頭株主であること	
	○上場会社、風俗営業会社に該当しないこと	
	○猶予対象株式を継続保有していること	
	○資産管理会社に該当しないこと	
5年経過後	○猶予対象株式を継続保有していること	譲渡した株式の割合分だけ納付
	○資産管理会社に該当しないこと	全額納付

納税が猶予されていた税額の全部又は一部と利子税は、上記納付する場合となった日から2ヶ月を経過する日（納税猶予期限）までに納付する必要があります。
なお、利子税の額は、相続税・贈与税の申告期限の翌日から納税猶予期限までの日数に応じた額となります（年利2.1%の単利計算）。

次の場合には、猶予されていた税額の納付が全額免除されます。
（１）　現経営者が死亡した場合【贈与税】
（２）　後継者が死亡した場合【相続税】【贈与税】

また、申告期限後５年経過後は、上記（１）（２）に加え、次の場合も税額の納付が免除されます。
（３）　会社が破産・特別清算した場合（直前５事業年度の配当・過大役員給与を超える猶予税額を免除）【相続税】【贈与税】
（４）　親族以外の者に納税猶予を受けた会社の株式の全部を譲渡した場合（譲渡対価を超える猶予税額を免除）【相続税】【贈与税】
（５）　次の後継者に猶予対象株式を生前贈与して贈与税の納税猶予を受ける場合（贈与税の納税猶予対象分を免除）【相続税】

（出典：中小企業庁「事業承継の際の相続税・贈与税の納税猶予制度」2012年９月版）

藤野社長は西園寺税理士の話を聞いて、簡単に納税猶予を選ぶものではないなと実感しました。将来の不安があるなら、東山弁護士の勧める『遺留分に関する民法の特例』を活用はするけれど納税猶予は選ばずに、かつて西園寺税理士が勧めてくれた相続時精算課税制度を選択して、贈与税を払うのもひとつの方法だなと考えています。

藤野社長は、今度は専務である後継者の裕貴も連れてきて、会社の将来をしっかり見据え、会社の承継の相談に来ようと思いました。でも、いろいろな民法上の特例や税法上の支援があるのだから、賢く活用して、会社の将来と家族全員の幸せが実現できるように頑張ることが、自分の最後の一世一代の仕事だなと認識し、

「よし、頑張るぞ！　天国のお母さん、安心して見ていてくれよ。」

と心の中で話しかけ、2人に今後ともくれぐれもよろしくと念を押しながら、藤野社長は元気いっぱいに会社に戻って行きました。

適用要件に注意し
そして適用後も
取消事由に該当
しないように！
除外合意・固定合意
の2つの制度
遺留分に
関する
民法の特例
経営承継
のための
金融支援制度
相続税・贈与税
の
自社株式の
納税猶予制度
経営承継円滑化法

ポイント

①　自社株式は相続開始後、遺産分割協議成立までの間は、相続人全員の準共有となる

②　経営承継円滑化法により、経済産業大臣の確認を受け、家庭裁判所の許可を得ることにより、自社株式の生前贈与分につき遺留分算定から除外する合意又はその価額を固定する合意が認められている

③　経済産業大臣の認定を受けた非上場の中小企業の自社株式の相続・贈与にかかる税金については納税猶予の対象

④　自社株式の納税猶予制度は贈与時には納税不要、相続時には80%の納税猶予、ただし上限は3分の2までの株式に限られる

⑤　申告期限後5年間に代表者辞任、平均従業員数が8割を下回ったなどの場合は猶予が取り消されるので、慎重な判断が必要

V

自社株式の相続か贈与かを選択する処方箋

自社株式の相続か贈与か、どちらにすべきか足立社長は悩んでいる

代表者を交代するだけでは会社を承継させることにはならない、経営権をも承継させるためには株式を持たせなければならないと弁護士に指摘された足立社長は、相続のときに備えてきちんと遺言書を書いて長男に相続させるか、いっそのこと生前に自社株式を贈与してしまうのか、どちらが有利か真剣に考えています。

足立社長のケース

70歳の足立聡一郎さんは長女の道子ができて結婚はしたけれど、全く生き方の異なる妻保子とはもう40年以上別居しています。気難しい妻はずっと離婚に応じてくれません。足立社長は起業してがむしゃらに働き、株式会社福岡精密機器を大きく育て上げました。

会社を大きくする際に応援してくれた女性社員と30年前から一緒に暮らし、その内縁の妻緑との間に長男の雄介も生まれ3人で暮らしていたのですが、10年前に正式の妻にならないまま緑が亡くなりました。また、昨年長女の道子から、戸籍上の妻の保子が亡くなったことを知らされ、相続を強く意識し始めました。

足立社長の財産は博多市の新築の高級タワーマンションの最上階の自宅と、今まで蓄えてきた有価証券等の金融財産が2億円以上あります。そして何よりも大事な資産は、株式会社福岡精密機器の自社株式と会社のビルが建っている博多市の400㎡の敷地です。

遺産分けや相続税の納税をクリアーして後顧の憂いなく長男の雄介に会社を引き継がせたいと、足立社長は生前に手を打とうと思っています。

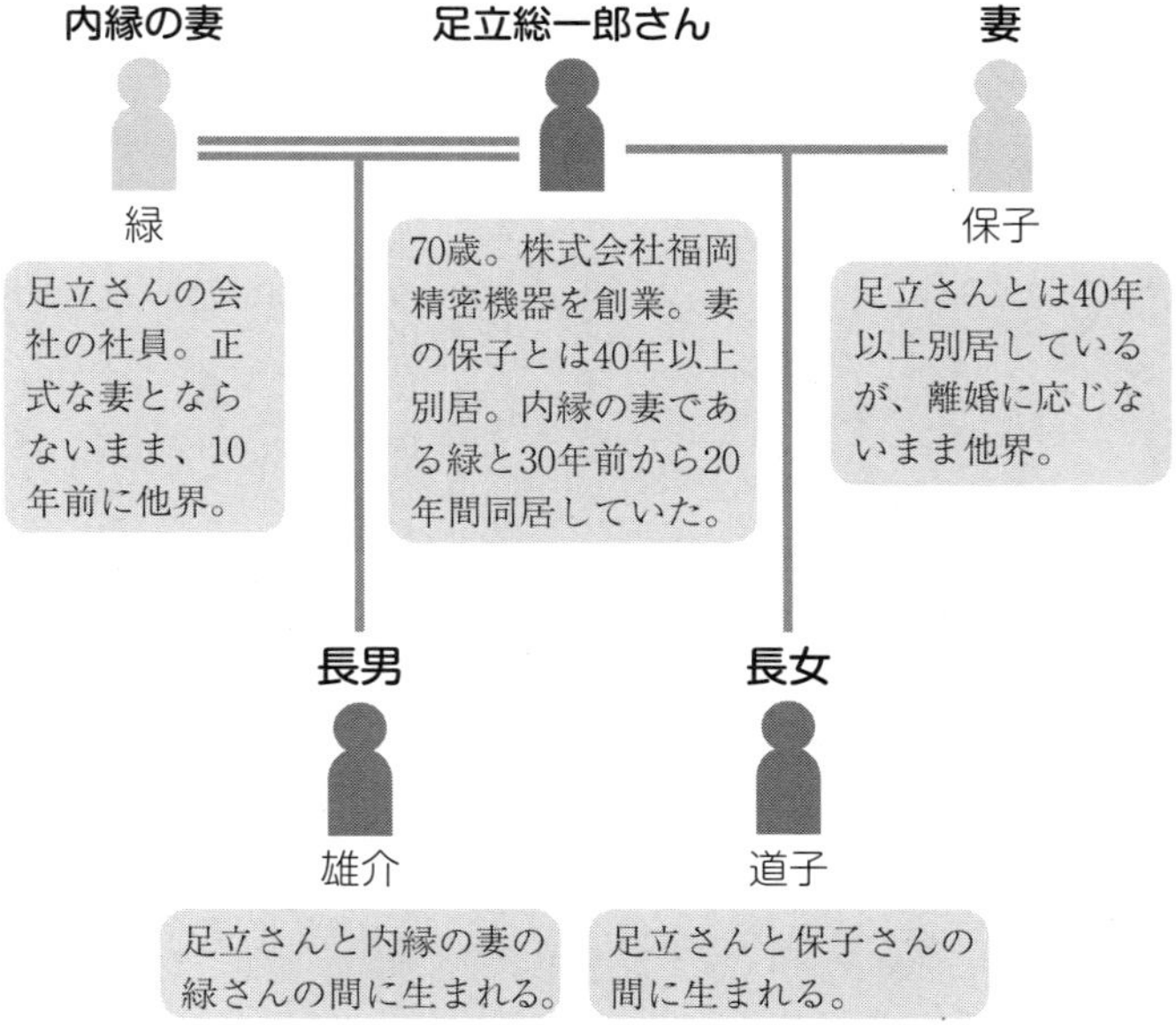
内縁の妻
緑
足立さんの会社の社員。正式な妻とならないまま、10年前に他界。
足立総一郎さん
70歳。株式会社福岡精密機器を創業。妻の保子とは40年以上別居。内縁の妻である緑と30年前から20年間同居していた。
妻
保子
足立さんとは40年以上別居しているが、離婚に応じないまま他界。
長男
雄介
足立さんと内縁の妻の緑さんの間に生まれる。
長女
道子
足立さんと保子さんの間に生まれる。

足立社長は、一緒に会社を大きくしてくれた長男の雄介には、自社株式と会社のビルの敷地、及び相続税の納税資金として金融資産の1億円を相続させるつもりでした。遺言さえ書いておけばうまくいくと思っていたのですが、先日テレビで「婚外子の相続分についての最高裁の決定」というニュースが大々的に流され、雄介が正式な婚姻関係で生まれた子どもでないことに気づき、とても心配になってきました。そこで顧問の東山弁護士に相談しようと思い、早速面談のアポイントを取ることにしました。

非嫡出子の相続分

幸いにも東山弁護士はちょうど裁判所から事務所に戻ったところで、直接電話で話をすることができました。

「先生、株式会社福岡精密機器の足立です。いつもお世話になっています。実は先生に会社の承継のことでお尋ねしたいことがあるのですが、いつ伺えばいいでしょうか？」

と足立さんが話し始めると、東山弁護士はいつものソフトな声でやさしく話しかけてくれました。

「そうですか、わかりました。それでは事務所にお越しいただくとして、来週の月曜日はいかがですか。」

と、明るい声で応じてくれ、法律相談のアポイントを取ることができました。

——東山法律事務所で——

足立社長が東山弁護士の法律事務所を訪ねました。

「東山先生、長いお付き合いですから、私の家族の個人的な事情はよくご存知だと思います。今日は私の急なお願いにもかかわらず、お時間を取っていただいてありがとうございます。」

東山弁護士は、足立社長に話しかけます。

「いいえ、法律に関わることでわからないことがあれば、いつでもお気軽にご連絡ください。会社を経営するに当たっては、何かとやらなければならないことも多いし、わらないことがたくさんあって当然ですよ。」

足立社長は、東山弁護士のこの言葉を聞いて、やっぱりわからないことは専門家の判断を仰ぐのが一番だなあ…と思い、気にかかることを打ち明けます。

「実は、この間テレビを見て、正式な婚姻関係から生まれた子とそれ以外の男女から生まれた子の法定相続分は異なるという法律の規定があることを初めて知りました。

ただ、そのニュースでは最高裁の決定でその規定は憲法違反だとされたといっていました。先生、うちの雄介はご存知のように妻の保子が離婚に応じてくれなかったため、正式な夫婦関係の子どもではありません。雄介は小さいときにそれでいやな思いをしたようで、申し訳なく思っています。そこで、雄介のような婚外子の相続分が今回の最高裁決定でどう扱われるのか教えていただきたいのです。」

東山弁護士は大きくうなずきながら、

「民法では生まれた子どもについて、婚姻届を提出した法律上の夫婦間に生まれた子を「嫡出子」、結婚していない男女間に生まれた子を「非嫡出子」と区別しています。それぞれの法定相続分につき、民法第900条4号のただし書きで、「非嫡出子の相続分は嫡出子の2分の1」と規定しており、相続分の権利を嫡出子と明確に区分してきました。

非嫡出子の相続分については従来より、同じ被相続人の子であるのに相続分が異なるということは法の下の平等を定めた憲法に違反するのではないかとして合憲性を問う意見がありましたが、1995年に最高裁大法廷が合憲判断を下して以降は、小法廷でも合憲の判例を積み重ねてきました。ただ、その様な判例には毎回反対意見が付き、近年は合憲の結論をかろうじて維持していたのが現状だったようです。

もともとこの婚外子差別が導入された背景には、1898年の明治民法が導入された当時、法律婚を重視する家族制度が根底にあったためだそうです。しかし社会背景が変化し事実婚が増加するにつれ、この規定が社会の実情に適合しなくなりました。世界を見ても婚外子差別の撤廃が進んでおり、主要先進国でこの規定が残る国は日本のみであったようです。」

足立社長は憤慨しています。

「そうですよ。雄介には何の問題もないのに、両親が正式に結婚できないというだけで子どもの相続分が半分だなんて、あまりにもひどい話です。」

東山弁護士は

「世の中には足立社長と同じ考えの人がずいぶん増えてきています。そこで、結婚していない男女間に生まれた非嫡出子の相続分を嫡出子の半分と定めた民法の規定を巡る裁判で、最高裁大法廷は平成25年9月4日に、この規定は法の下の平等を定めた憲法に違反し無効だとする決定をしたのです。この決定により平成25年12月5日、民法の改正がなされ、同月11日に公布、施行されました。」

足立社長はすっかり安心して

「そうですか、じゃ雄介も私の子どもとしてちゃんと世間並みの相続分は確保されると思っていいのですね。じゃあ、先生にお手伝いしてもらって、早速、遺言書を書かなくっちゃ。」

と東山弁護士に依頼しました。

「そうですね。結果として道子さんに必ず渡さなければならない遺留分は法定相続分の半分である4分の1ですので、遺留分を考慮した遺言書を作りましょう。幸いなことに足立さんの場合は多額の金融資産がありますので、道子さんの遺留分（4分の1）を侵害しないような遺言を作ることは可能です。

ただし、雄介さんの場合には遺言で残すよりも、思い切って贈与する方がご長男の後継者としての自覚を高めることにもなりますし、生前の贈与により今から株主としての権利を確保しておく方が、雄介さんの自社株式の承継は安心といえるでしょう。ただし、生前贈与には贈与税という高いハードルがあるので、まず相続と贈与とどちらが税金上は有利なのか、それをよく考えてから遺言書を作成した方がいいと思いますよ。足立社長、あの元気で、いつも明快に答えてくれる西園寺税理士にまず相談されてはいかがですか？」

との東山弁護士の勧めに、足立社長は早速、顧問税理士の西園寺先生に相談に行こうと思い、いつも愛想のいい秘書に面談の予約をすることにしました。

「西園寺税理士事務所の友川さんですか。いつもお世話になっております。株式会社福岡精密機器の足立です。私の相続のことでご相談があり、先生にお目にかかりたいのですが、いつ空いてらっしゃいますか。」

「足立社長様ですか。先日は私どもに美味しいおせんべいを手土産にいただきありがとうございます。皆に好評で美味しくいただきました。

さて、西園寺のスケジュールですが、都合のよい日時を今から申し上げますので、足立様が来所いただける日時をご指定ください。」

と、友川秘書がとても気持ちよく丁寧に対応してくれたので、足立社長はすっかり安心して、

「その中なら、来週の月曜日の午後に時間が取れますので、そのときに事務所に伺います。」

とスムーズに予定が決まりました。


――月曜日の午後2時――

足立社長が西園寺税理士の事務所を訪れました。

「西園寺先生、いつも株式会社福岡精密機器がお世話になっております。株式会社福岡精密機器の未来のことについて考えているのですが、

税金問題が付きまとい、これらを考慮した将来設計をしたいと思いご相談に参りました。」

西園寺税理士はにっこりほほえみながら、

「そうですよね。企業は永遠といいますが、それを支えているのが人であり国家であり、国家の運営には税金が必要で、会社経営をしているとさまざまな税金がかかわってきます。特に会社の承継となりますと、法人税の他に相続税や所得税等さまざまな税金がつきものですから、足立社長にも時間をかけてご検討いただきたいと思っております。」

と応じてくれました。足立社長も深くうなずきながら

「私も30年以上会社を経営しておりますので、法人税のことはある程度わかるのですが、相続税や贈与税のこと、そして財産分けについて今までほとんど考えてきませんでした。

ただ、会社を承継させるとなれば、一番大切なことは経営権を確保す

ることですから、長男の雄介に自社株式を持たせることが必要なのはわかっています。その自社株式を生前に贈与すべきか、相続のときに引き継がせるべきか悩んでいますので、まず相続税や贈与税のことを教えていただけませんか。」

との依頼を了解した西園寺税理士は早速、説明を始めました。

相続税を計算する

「相続税の計算は難しいので、簡単にその仕組みをお話ししましょう。相続税は次の順序で計算します。まず、全財産を相続税評価額で評価し、次に債務や葬式費用を差し引いた後に相続税の基礎控除額を控除します。控除した後の金額を、法定相続人が法定相続分により取得したものとして各人の相続税額を計算し、それらの合計額が相続税の総額となります。

なお、平成25年9月5日以後の申告は、相続税の計算においても非嫡出子の例外規定は適用されませんので雄介さんも安心できます。

最後に、こうやって計算した相続税の総額を各人の実際の取得財産の割合に応じて按分します（92ページ〈**相続税の税額計算の仕組み**〉参照）。

相続税の基礎控除額は、税制改正により平成27年1月1日以後の相続等から3000万円＋600万円×法定相続人の数となります。足立さんの場合は、法定相続人がお子様2人だけですので、相続税の基礎控除額が4200万円と少なく、税額計算する際の超過累進税率も高くなっていますので、相続税の負担が心配ですね。」

――贈与税の税率構造が見直される――

自分には高額の相続税が予想されるのを確認し、やはり生前に賢く贈与する方がいいのかと考えた足立さんは

「相続税のシンプルな対策は贈与を繰り返すことと先生にいつも指導していただいていますが、西園寺事務所の税制改正セミナーで、平成25年度税制改正で経済活性化の切り札として、直系血族間においてはより贈与がしやすくなったと聞きました。贈与税の仕組みはどのように変わったのですか。」

と質問し、西園寺税理士はセミナーをしっかり聞いてくれていたのだと嬉しくなりました。

「さすが、勉強家の足立社長ですね。高齢者層が保有する資産をより早期に現役世代に移転させ、その有効活用を通じて経済社会の活性化を図ることが必要であるとして、贈与税の税率構造が改正されます。

つまり、平成27年1月1日以後は20歳以上の子や孫が祖父母等から贈与を受けた「特例贈与財産」に係る贈与税の税率と、それ以外の人から贈与を受けた「一般贈与財産」に係る贈与税の2つに区分されることになります。

特例贈与財産の贈与の場合には贈与税率が大きく引き下げられ、非常に有利になっています。」

足立社長は興味津々に

「父母のみならず、祖父母からの贈与についても特例贈与財産として減額の対象になるのですか？」

と尋ねます。

「そうなのです。直系血族から20歳以上の者への贈与ですから、曾祖父母もその上の世代もＯＫですよ。」

「いや～。１００歳以上にならないとひ孫が20歳以上にならないから、なかなかそんな人はいないよね。」

と、足立社長は思わず笑ってしまいました。

西園寺税理士は澄ました顔で
「また、平成27年1月1日以後の贈与から、一般贈与財産に係る贈与税については3000万円超の部分につき、相続税と同様、最高税率が55％に引き上げられます。

しかし、直系血族からの特例贈与財産に係る贈与税については累進構造が緩和され、一般枠より大きく減税され、最高税率55％も4500万円を超える部分にしか適用されません。」

と説明を続けます。

「贈与した財産にいくらくらいの贈与税がかかるか、簡単にわかる資料はありませんか？」

「この間私がプレゼントさせていただいた著書に早見表が載っていま

〈贈与税の速算表〉

基礎控除後の課税価格		～平成26年12月31日	平成27年1月1日～	
			一　般	20歳以上の者への直系尊属からの贈与
	200万円以下	10%	10%	10%
200万円超	300万円以下	15%－10万円	15%－10万円	15%－10万円
300万円超	400万円以下	20%－25万円	20%－25万円	
400万円超	600万円以下	30%－65万円	30%－65万円	20%－30万円
600万円超	1,000万円以下	40%－125万円	40%－125万円	30%－90万円
1,000万円超	1,500万円以下	50%－225万円	45%－175万円	40%－190万円
1,500万円超	3,000万円以下		50%－250万円	45%－265万円
3,000万円超	4,500万円以下		55%－400万円	50%－415万円
4,500万円超				55%－640万円

すので、ご参考にしてください。」

といって西園寺税理士は自分の書いた本を開いて見せてくれました。

「1000万円を贈与したとしても177万円の贈与税ですむのですから、私の場合はどんどんと贈与する方がいいのかもしれないな。」

と足立社長はつぶやき、

「相続税の最高税率も55％へ引き上げられますので、大資産家にとっては平成26年12月31日までの

〈贈与税の早見表〉

基礎控除を控除する前の贈与金額	～平成26年12月31日		平成27年１月１日以後			
			一般		20歳以上の者への直系尊属からの贈与	
	贈与税額（万円）	負担割合（%）	贈与税額（万円）	負担割合（%）	贈与税額（万円）	負担割合（%）
200万円	9	4.5	9	4.5	9	4.5
300万円	19	6.3	19	6.3	19	6.3
400万円	33.5	8.3	33.5	8.3	33.5	8.3
470万円	47	10.0	47	10.0	44	9.3
500万円	53	10.6	53	10.6	48.5	9.7
520万円	58	11.1	58	11.1	52	10.0
600万円	82	13.6	82	13.6	68	11.3
700万円	112	16.0	112	16.0	88	12.5
800万円	151	18.8	151	18.8	117	14.6
900万円	191	21.2	191	21.2	147	16.3
1,000万円	231	23.1	231	23.1	177	17.7
1,500万円	470	31.3	450.5	30.0	366	24.4
2,000万円	720	36.0	695	34.7	585.5	29.2
3,000万円	1,220	40.6	1,195	39.8	1,035.5	34.5
4,000万円	1,720	43.0	1,739.5	43.4	1,530	38.2
5,000万円	2,220	44.4	2,289.5	45.7	2,049.5	40.9

贈与が、50％以下の税率で資産を生前に移転できる最後のチャンスかもしれません。大金持ちの方は改正を待たず贈与された方が有利かもしれませんね。」

と西園寺税理士は答えました。

精算課税制度の仕組み

西園寺税理士は説明を続けます。

「今の日本では、親世代がたくさんの金融資産や不動産を所有しています。一方、子世代には金融資産や不動産等を所有している人は少なく、生活にあくせくしている状態です。もし相続より早い時期に子世代へ財産を移転できれば、子どもたちはその資産を有効に活用して、幸せで豊かな暮らしを送れるのではないでしょうか。

特に会社の承継については、生前に円滑な経営権の移転を考えることは重要です。後々問題を起こしそうな子どもには思いきって生前に財産分けをした上で遺留分を放棄させるか、遺留分の民法特例を活用して生前に合意を取り付け相続のときには口を出させないようにし、後継者の憂いをなくすこともできるでしょう（第Ⅳ問参照）。

しかし、高額の贈与税が問題となるため、その解決を図るために「相続時精算課税制度」と「自社株式の納税猶予制度」を活用するといいでしょう。」

すっかり贈与に興味をもった足立社長は
「なるほど、私の場合は生前に雄介に自社株式を贈与しておいて、相続時精算課税制度や自社株式の納税猶予制度を活用すれば、贈与税もそんなに心配しなくともいいのですね。西園寺先生、これらの制度について教えてください。」

「贈与を受けた人は「暦年課税」を選択して贈与税の申告を行うか、「相続時精算課税制度」を選択して贈与税の申告を行うかを選択することになります。

精算課税制度を選択した場合には、その他の財産と区分して、贈与者ごとの贈与財産の価額の合計額をもとに計算した贈与税の申告を行い、納税します。贈与されたときに支払う贈与税は軽減されており、特別控除枠は２５００万円で、２５００万円を超えた場合には、その超えた部分の金額に対して20％の贈与税を納めるだけですみます。

その後、相続が発生したときに、その贈与を受けた財産と相続した財産とを合計した価額をもとに相続税額を計算します。つまり、精算課税制度を選択した人は、贈与者の相続時にそれまでの贈与財産を集計し、相続財産とあわせて相続税額を計算するのです。

こうして計算した相続税額から、二重課税とならないように、すでに支払った贈与税額を控除します。そして、もし相続税額から控除しきれない贈与税相当額があれば、還付を受けることができます。いってみれば、相続のときに贈与税と相続税との間の精算を行うという仕組みです。」

と精算課税制度の仕組みを教えてもらった足立社長の質問は深まっていきます。

「西園寺先生、その精算課税制度は、誰でも適用を受けることができるんですか？」

「精算課税制度は、その贈与した年の1月1日現在において、満65歳以上である親から満20歳以上の子である推定相続人に対する贈与に限り適用されます。推定相続人には代襲相続人も含まれ、養子でもＯＫです。人数制限はなく、貰った人がそれぞれ別々に選択することもできますし、贈与者についてもそれぞれの人ごとに選択することができます。

なお、平成27年1月1日以後は贈与者の年齢が60歳以上に引き下げられた上、受贈者に孫が含まれることになり、対象者が拡大されます。

また、暦年課税の贈与制度では、その年に受けたすべての人からの贈与財産を合計して贈与税を計算しますが、この精算課税制度の適用を受けた場合にはここから切り離して贈与者ごとに計算し、贈与者に相続が発生するまで合算していきます。」

「なるほど、このような仕組みになっているため、相続時精算課税制度といわれるのですね。この制度を使えば、贈与しても相続時で精算するので有利不利がないといえるのですか?」

「いえいえ、そうともいえないのですよ。なぜなら、相続財産は相続発生時の価額で計算しますが、合算される贈与財産の価額は贈与された時の課税価格で加算するからです。ここがこの制度の大きなポイントです。相続時に贈与財産が値上がりしていれば相続税負担は軽くなり、値下がりしていれば相続税負担は重くなるからです。

賢く活用すれば、株価対策をして大きく自社株式の評価が下がったときに一気に贈与し、その後、会社を承継した受贈者が事業を発展させて自社株式の評価を上昇させても、相続税が増えることはないのです。」

と首を横に振った西園寺税理士の答えに、

「先生、暦年課税を使って贈与する方がいいのか、精算課税制度を使って贈与する方がいいのかよくわからなくなってきました。２つの制度のどちらを選択したらいいのかの判断基準を教えてください。」

と足立社長は困った顔をしています。

〈相続時精算課税制度の税額計算の流れ〉

事　例

夫婦と子２人の家族で、子Ｃは親Ａからの贈与について相続時精算課税制度を選択し、２回の贈与を受けていた。
贈与財産：（１年目　1,500万円）（２年目　1,800万円）

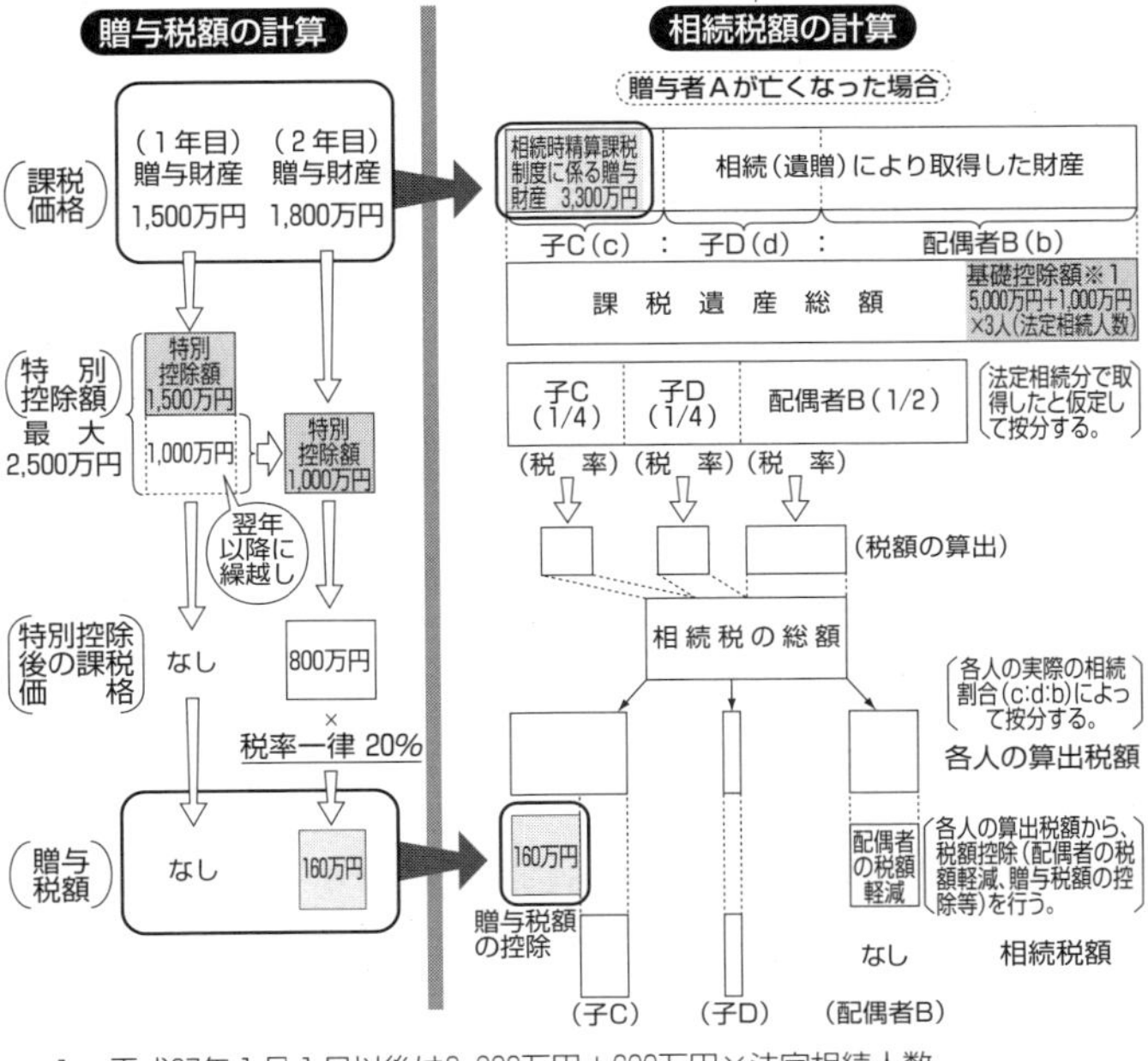

※１　平成27年１月１日以後は3,000万円＋600万円×法定相続人数
※２　住宅取得資金や取引相場のない株式の精算課税贈与の特例は考慮していません。

精算課税制度と暦年課税の仕組み

西園寺税理士が思案顔で

「相続時精算課税制度と暦年課税制度の選択のポイントは、相続税がかかる人と、かからない人で大きく変わります。そこでまず、自分が持っている財産を再確認し、相続税がかかるのか、かからないのか、かかるならばどれくらいかかるのかをしっかり把握します。

贈与は相続税対策に大きな効果がありますが、贈与のしかたを間違えるとかえって税負担が重くなることもありますので、慎重な判断が必要です。」

と話すと、足立社長はうなずきながら、質問を続けます。

「西園寺先生はこの間のセミナーで、日本では相続税のかかる人の割合は1割にも満たないとおっしゃっていましたね。この普通の相続税のかからない大多数の人たちはどのような選択をしたらいいのですか。」

「相続税がかからない人ならば、精算課税制度を選択してどんどん贈与するのがいいかもしれません。特別控除枠としては2500万円もあり、複数年にわたって利用できるからです。

平成27年1月1日以後の相続税の基礎控除額は3000万円+600万円×法定相続人の数となっており、相続財産がこの基礎控除額以下であるなら、精算課税制度でもらった財産を持ち戻しても結局は相続税はかかりません。最終的には特定贈与者である親からの贈与には贈与税が課税されない効果となるのです。」

との一般論を確認した上で、

「なるほど。では、私のように多額の相続税がかかる者はどちらを選択すればいいのかな?」

と足立社長は考え込んでいます。

「しかし、足立社長のように相続税がかかる人にとっては、単純に相続税を減らすだけというなら、暦年課税で110万円の基礎控除枠を使いながら、相続税の実効税率より低い税率の範囲内で贈与を続ける方が確実に有利です。

一方、精算課税制度は、加算される贈与財産の価額は贈与されたときの課税価格で計算されますので、贈与財産が贈与時より相続時の方が値下がりしていた場合には、本来支払うべき相続税より高い税金を支払うことになり相続人にとっては一大事です。しかし、評価の下がったときに自社株を贈与するなど、上手に活用すれば精算課税制度でも相続税対策にもなり、かつ、生前に財産分割を終わらせることにもなるのです。」

「なるほど、精算課税制度というのは、資産家にとってももろ刃の剣ともいえるのでしょうね。」

との足立社長のつぶやきに
西園寺税理士は微笑んでいます。

「ですからこそ、贈与は十分な検討が必要なのです。たとえば、好きな人に好きなものを好きなだけあげられるからといって、相続人間の財産分割を考えることなく贈与してしまうと、相続発生後、贈与を受けた人が他の相続人から遺留分を侵されたといって訴えられ、かえって困ってしまうことがあります。生前贈与の目的の1つは相続発生後のもめごとを避けることにありますから、これではかえって逆効果です。道子さんの遺留分をよく考えた上で贈与するか、遺留分に関する民法の特例を活用してくださいね。」

足立社長はため息をつきながら、

「本当に贈与は奥が深いですね。」

と考え込んでいます。

〈「どちらの制度を選ぶか」のポイント〉

相続税がかかる人		相続税がかからない人	
精算課税贈与を選択	暦年贈与を選択	精算課税贈与を選択	暦年贈与を選択
基本的にこの制度を利用することにより、特に相続財産が減少するわけではない	相続税の実効税率との比較の上、有利となる金額を贈与する	相続時に精算され納付した贈与税は戻ってくるから、税金の払いすぎは発生しない	非課税枠を超える贈与をしたときは贈与税の負担が生じ精算されない
①　値上がりするものを贈与する ②　評価を下げてから贈与する ③　収益を生むものを贈与する ④　親の気持ちを生前に軽い税負担で贈与する ⑤　遺言書代わりに生前に財産分けができる	①　贈与の証拠を確実にするのが重要 ②　長期にわたり計画的に贈与する ③　相続開始前3年内の贈与は加算されるので早期に実行 ④　特例を活用して上手に贈与する	あげたいものをあげたいときにあげたい人へ ［注意］特別控除額を超えるときは贈与税がかかる ①　住宅取得等資金やローン残高など、緊急資金の贈与 ②　残したい財産を安心して任せられる子どもに贈与 ③　介護してくれる子どもにゆとりの生活を贈与	何をあげるか、どれだけあげるか慎重な検討が必要 ①　特例を活用して贈与するなど、余分な税負担に注意 ②　110万円以下なら申告の手続不要

「先ほどお見せした私の著書で、選択のポイントを簡単にまとめています。これを生前贈与にぜひ活用してください。」

精算課税制度の選択をした方がいい場合

「資産家にとって精算課税制度は熟慮が必要なのはよくわかりましたが、どのようなものだったら精算課税制度で贈与した方がいいのでしょうか。」

と本を見ながら尋ねる足立社長に、

「まず、2500万円もの高額の無税贈与ができるのですから、これを最大限に活用したいものです。将来値上がりする可能性の高い財産を贈与するのがベストな活用方法です。たとえば、リストラや負の遺産の後片づけも終わり、これから業績がよくなると予想できる自社株式は、将来値上がりを予想できる財産といえるでしょう。経営計画の進捗度をしっかり把握すれば、完璧な贈与ができるのではないでしょうか。」

「わが社もこれからどんどん業績がよくなると確信できるなら、その前に自社株式を雄介に贈与する方が税金的には効果が高いのですね。」

と足立社長の提案に西園寺税理士が答えます。

「まさにそのとおりです。もし現在好業績なら、自社株式の評価を引き下げてから贈与すればいいのです。会社のオーナーなら代表者を退き、後継者へ代表権とともに自社株式を贈与するのがベターな方法といえるでしょう。退任した代表取締役であった親が会社から退職金をもらったり、今まで処理してこなかった含み損を実現させたりして、さまざまな対策で自社株式の評価を下げるチャンスだからです。ただし、贈与税負担のない自社株式の納税猶予制度とどちらを選択するかむずかしい判断が必要ですので、熟考の上で選択してください。」

「なるほど、自分が退職したときが代表権の承継時期であるだけでなく、自社株式を贈与する最高のタイミングなのですね。そう考えると贈与を遺言代わりに活用することもできるのですね。」

西園寺税理士は

「そうです。後継者には引き継がせたい財産を、特に会社の承継者には会社所有の資産や自社株式を贈与し、それ以外の相続人には一定の金額の財産を贈与すれば、遺言と同じように、しかも生前に意思を明確にした財産分けをすることができます。これまでは高い贈与税に阻まれてできなかったこのような方法も、精算課税制度や自社株式納税猶予制度を選択すれば可能になります。

ただ、遺言書による遺贈でも生前贈与でも、遺留分減殺請求があったときの遺留分計算においては、相続財産に過去のすべての生前贈与財産

〈精算課税贈与と暦年贈与の関係〉

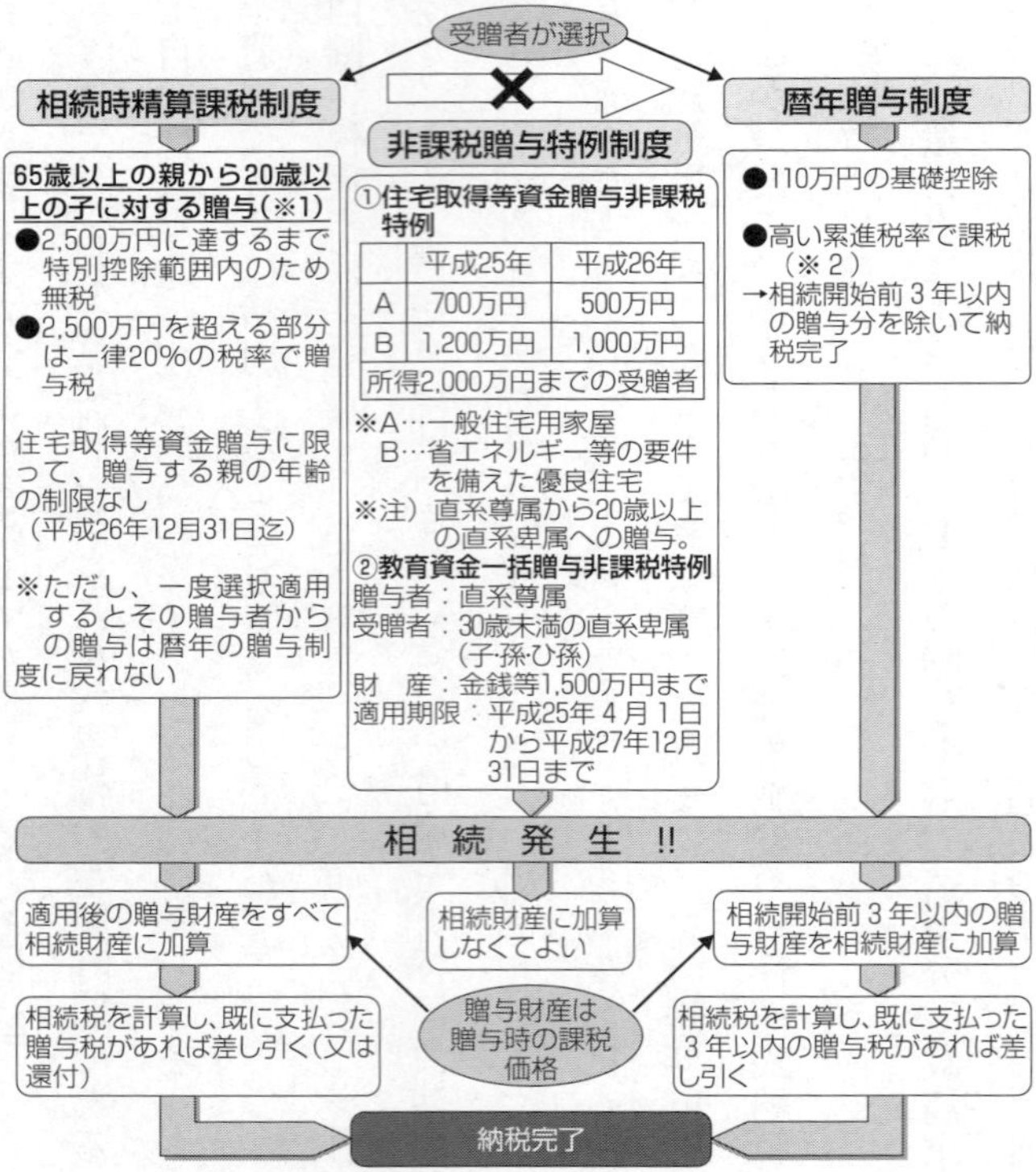
受贈者が選択
相続時精算課税制度
非課税贈与特例制度
暦年贈与制度
65歳以上の親から20歳以上の子に対する贈与(※1)
●2,500万円に達するまで特別控除範囲内のため無税
●2,500万円を超える部分は一律20%の税率で贈与税
住宅取得等資金贈与に限って、贈与する親の年齢の制限なし
(平成26年12月31日迄)
※ただし、一度選択適用するとその贈与者からの贈与は暦年の贈与制度に戻れない
①住宅取得等資金贈与非課税特例
| 平成25年 | 平成26年
A | 700万円 | 500万円
B | 1,200万円 | 1,000万円
所得2,000万円までの受贈者
※A…一般住宅用家屋
B…省エネルギー等の要件を備えた優良住宅
※注) 直系尊属から20歳以上の直系卑属への贈与。
②教育資金一括贈与非課税特例
贈与者:直系尊属
受贈者:30歳未満の直系卑属(子･孫･ひ孫)
財　産:金銭等1,500万円まで
適用期限:平成25年4月1日から平成27年12月31日まで
●110万円の基礎控除
●高い累進税率で課税(※2)
→相続開始前3年以内の贈与分を除いて納税完了
相　続　発　生　!!
適用後の贈与財産をすべて相続財産に加算
相続財産に加算しなくてよい
相続開始前3年以内の贈与財産を相続財産に加算
相続税を計算し、既に支払った贈与税があれば差し引く(又は還付)
贈与財産は贈与時の課税価格
相続税を計算し、既に支払った3年以内の贈与税があれば差し引く
納税完了

平成27年1月1日以後の贈与に係る贈与税

(※1) 贈与者:65歳以上　の父母 ⇨ 60歳以上の父母又は祖父母
受贈者:20歳以上　推定相続人 ⇨ 20歳以上の推定相続人及び孫
(※2) 直系卑属(20歳以上)への贈与に係る贈与税率は特別に緩和

を含めることとされていますので、効果がないことに注意してください。ただし、遺留分に関する民法特例を活用した場合には、この心配もいらないでしょう。一度、道子さんとじっくり話し合われてはいかがでしょうか？」

非上場株式の3つの贈与

足立社長は雄介や道子とよく話し合うために考えをまとめるつもりです。

「私の場合は生前贈与で会社の承継を終わらせるのがいいような気がします。株式会社福岡精密機器の贈与についてどう考えたらいいでしょうか？」

「相続税と比較すると贈与税の負担は非常に高くなっています。しかし、贈与を繰り返し少しずつ続ければ、相続税よりずっと軽い税負担で非上場株式を後継者に引き継がせることができます。まずは雄介さんに毎年少しずつ非上場株式を贈与するのが基本です。

しかし、足立社長が代表者を退任するにあたり高額の退職金の支給を受けた場合、株式会社福岡精密機器の評価は大きく下がります。代表権と同時に株式会社福岡精密機器の株式を雄介さんにバトンタッチする最高のチャンスですが、暦年課税で贈与税が高すぎる場合には、非上場株式の贈与税の納税猶予か、精算課税制度かのいずれかを選択するといいでしょう。」

〈自社株式の贈与の3つの課税方法〉

	暦年贈与	精算課税贈与	納税猶予制度
メリット	●実効税率以下の贈与を毎年繰り返せば、結果として大きく相続税負担を抑えることができる	●一度にたくさんの株式を贈与できる ●評価額を固定することができる ●納税猶予制度と違い継続要件の制約がない	●税負担を猶予できるので、納税資金を抑えることができる
デメリット	●贈与税の税体系上、一度に大きく財産を移すと贈与税負担が重い	●今後、贈与者から受贈者への贈与は全て精算課税の申告対象となる ●一度選択すると暦年贈与に戻れない ●納税猶予を選択できない	●厳しい適用要件を満たすことができるのか ●適用を受けた後、要件が外れた場合の本税、利子税の負担が大きい
対象となる企業	●相続まで時間的余裕があり、かつ複数名の贈与対象者がいる会社	●納税猶予の適用要件クリアは難しいが、株価が高くなることが予想される会社	●厳しい適用要件をクリアできる会社 ●5年間の雇用の維持が可能な会社 ●会社を同族で承継し続けることが確定している会社

足立社長は

「贈与税の納税猶予の場合には贈与税を一切払わなくていいそうですが、この制度を活用すれば贈与税は無税で、相続税は大きく減少するので、税金の心配はいらないのではないでしょうか？」

「株式会社福岡精密機器の株式につき贈与税の納税猶予を選択した場合、相続時にも納税猶予を受けることができますので、税負担を抑えるという方法としてはベストといえるでしょう。

ただし、納税猶予には適用を受ける入り口だけでなく、継続中にも非常に厳しい要件があります。なお、平成27年1月1日以後の納税猶予から適用要件が緩和されています。しかし、この要件が満たされていないと納税猶予が取り消され、暦年課税の非常に重い贈与税がかかってきますので、慎重に選択しなければなりません。

今後も雄介さんがしっかり会社を経営し守っていく覚悟を決め、適用を受けるための現在の条件整備だけでなく、将来を見据えた条件整備をするつもりなら、検討されてもいいのではないでしょうか。」

との西園寺税理士のすすめに、足立社長は考え込みました。

「いやぁ、激変の経済社会においては長期にわたる展望どころか、5年以内の予測もなかなか立てられませんよ。わが社は中堅企業であり、これからも成長したいと思っているのですが、熟考せずに納税猶予を選んでしまうと、後でかえって後悔することにもなりかねません。私の退任に伴い自社株式の評価が下がったときに、思いきって自社株式の精算課税制度を選択する方が安心かもしれませんね。精算課税制度は相続税で課税関係が終了するのですから、雄介はその後、経営の意思決定を自由に行うことができます。」

西園寺税理士は

「そうですね。将来が不確定だと納税猶予を選択すべきかどうか非常に悩ましいですね。納税猶予の適用を受けると5年間の事業継続要件やその後の資産管理会社に該当しない等の制約を受け、雄介さんの将来をしばることになりますからね。」

西園寺税理士のさまざまなアドバイスを受けた足立社長は、遺言書でなく生前贈与で会社の承継問題を解決することにしました。道子も雄介もどちらも自分の大切な子どもたちであり、2人っきりの兄弟として自分亡き後も仲良くできる方法を捜してみることに決めました。

その方法として、雄介には自社株式を贈与して株式会社福岡精密機器を託すことにしました。精算課税制度を選択すれば、M&Aで外部に承継してもらうのも可、従業員をリストラし海外に生産拠点を移してもOKなのですから、これからの株式会社福岡精密機器の将来性を確保できるからです。

道子の意向を踏まえ、道子やその孫たちには金融資産の贈与を繰り返し、自分の生存中、応援し続けることに決めました。親たちの身勝手で2人の子どもたちどちらにも寂しい想いをさせたことを申し訳ないと思っていること、株式会社福岡精密機器を雄介が発展させていくことと、2人が仲良く幸せになってくれることが自分の願いであることをきちんと説明し、実行する方法は3人で考えようと思いました。

その後は贈与税や相続税を計算し、ベストな方法で2人に財産を引き継がせようと決め、西園寺税理士に手を振って、足取り軽く帰っていきました。

ポイント

① 非嫡出子であっても、法定相続分も相続税の計算も嫡出子と全く同じになった

② 遺言と同じ効果がありながら、生前に実行できるのが生前贈与である

③ 自社株式の贈与の場合、暦年課税・精算課税制度・非上場株式の納税猶予制度の3つの納税方法がある

④ 少額なら直系血族への暦年課税が有利。納税猶予は条件が厳しく取消しにならないか要注意

⑤ 精算課税贈与の場合は必ずオープンにし、事前に相続人一同の確認を取って実行すれば争族が避けられる

Ⅵ

種類株式の活用で会社の承継に成功する処方箋

経営権の確保と会社の承継を種類株の発行により解決する

仙台にある老舗旅館やホテル、温泉供給会社や地域の特産品の卸売会社等を経営する株式会社仙台ユートリア倶楽部を父から引き継いだ原社長は、自分が父の相続のときに経営権を確保するために随分苦労したため、3代目の娘婿にはこのような苦労をさせず、会社を大きくすることに専念させたいと思っています。友人の社長に相談したところ、種類株式を活用して、経営権の確保と相続税の問題を一気に解決したと聞き、自社に適用したいと考えています。

原社長のケース

70歳の原孝介さんは10年前、父親を亡くしました。妹も弟もそれなりの資産を所有し、豊かに暮らしていたため、自社株式と会社の資産以外の預貯金を2人で分けることで、父の遺産分割に合意してくれると思っていました。ところが、妹や弟から法定相続分である3分の1の遺産相続を要求されたため、原社長は、妹や弟に渡す代償金に加え相続税の納税資金に追われ、この10年間は本当に資金繰りに苦労してきた日々でした。

ようやく代償金や相続税の分割払いも済ますことができ、今度は自分の相続に備えた対策をしないと、と考えています。原社長には、1人の娘と2人の息子がいますが、長女の千秋と結婚した昌史が婿養子になってくれ、株式会社仙台ユートリア倶楽部を承継するため2人で頑張ってくれています。

今までは父の相続の後始末で手一杯で、父親の相続時と同様、自社株式や旅館の敷地は原社長個人の財産のままです。このままでは相続争いが起こり、長女夫婦がこの会社を引き継ぐことができないのではと心配になってきました。

最近、友人の村居社長が、種類株式を活用して問題を解決させたと聞き、原社長はその方法を教えてくれた専門家の紹介を頼みました。

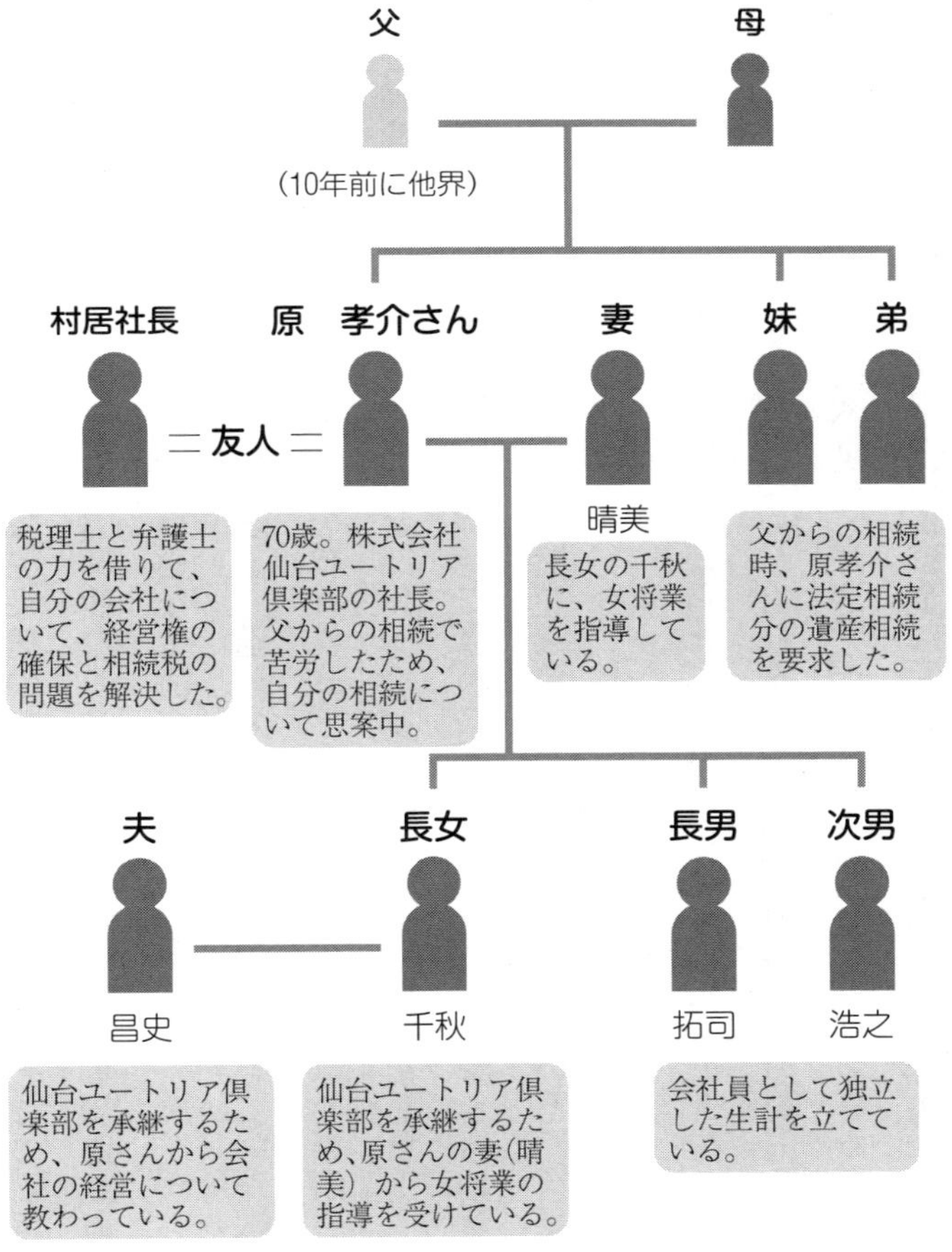
父
母
（10年前に他界）
村居社長
原　孝介さん
妻
妹
弟
＝友人＝
晴美
税理士と弁護士の力を借りて、自分の会社について、経営権の確保と相続税の問題を解決した。
70歳。株式会社仙台ユートリア倶楽部の社長。父からの相続で苦労したため、自分の相続について思案中。
長女の千秋に、女将業を指導している。
父からの相続時、原孝介さんに法定相続分の遺産相続を要求した。
夫
長女
長男
次男
昌史
千秋
拓司
浩之
仙台ユートリア倶楽部を承継するため、原さんから会社の経営について教わっている。
仙台ユートリア倶楽部を承継するため、原さんの妻（晴美）から女将業の指導を受けている。
会社員として独立した生計を立てている。

原孝介社長の妹は箱根の高級温泉宿の跡取り息子に嫁ぎ、そこの女将として働いています。また、弟は仙台の上場企業に勤めて営業部長にまで出世し、定年退職後は悠々自適な生活を送っています。

父親が10年前に亡くなったとき、遺産の30%は父親の経営していた株式会社仙台ユートリア倶楽部の自社株式であり、また、30%は会社所有の不動産であったため、現預金は40%ほどの割合となっていました。

妹も弟もそれなりの資産を持って豊かに暮らしており、40%もある預貯金を相続すれば、それ以上の財産を要求してくることはないと原社長は思っていました。

ところが、遺言書もないのだからと、妹と弟が法定相続分の3分の1の遺産相続を要求してきたため、自社株式や会社所有の不動産を渡す訳にはいかない原社長は不足分を代償金として現預金で用意せざるを得ず、さらに多額の相続税の納税資金にも追われ、株式会社仙台ユートリア倶楽部の経営の発展に専念することができず本当に残念でした。

この前の地域の同業者団体の集まりで、今までの自分の苦労を話すとともに、自分亡き後の会社の承継問題に一抹の不安があることを友人である村居社長に相談してみました。すると驚いたことに、村居社長も承継の問題で随分悩んでおり、相続事案の経験豊富な専門税理士と弁護士に相談して、村居社長に相続が発生した場合の自社株式・相続税の問題を種類株式で解決したと話してくれました。

何とか自分の会社もその方法で解決できないかと考えた原社長が、その優秀な税理士と弁護士を紹介してくれるように依頼したところ、村居社長が、自分を助けてくれた西園寺税理士にすぐに連絡をしてくれ、西園寺税理士と東山弁護士に相談するアポイントメントを取ることができました。原社長は、ほっとして、予定された日に西園寺税理士事務所を訪問することにしました。

——当日午後1時30分——

原社長は西園寺税理士の事務所を訪ねました。ミーティングルームに原社長が通されると、ほどなく西園寺税理士と東山弁護士が入ってきました。

「原社長でいらっしゃいますね。税理士の西園寺でございます。よろしくお願いいたします。

今日は、弁護士の東山先生にもご同席願っております。私たちの大事なお客様である村居社長のご紹介ですので、2人でなんとか、原社長の悩みを解決できるよう、全力を尽くします。」

「村居社長のお話どおり、西園寺先生は元気で明るくパワフルな感じの方ですね。また、東山先生も気さくな感じで、かつ信頼感あふれる方でとても安心しました。こちらこそよろしくお願いします。」

と話ははずんでいきます。

会社法の施行で株式は変わった

原社長は早速本題に入ります。

「私は村居社長と同様に、地域に根差す、旅館業を中心とする会社を経営しています。父親の相続のとき、遺産の半分以上が自社株式と会社所有の不動産で、妹や弟が法定相続分を要求したため、株式会社仙台ユートリア倶楽部を承継するのに随分苦労しました。また、多額の相続税がかかったのですが、妹や弟への代償財産の支払いのため手元にほとんど現預金がなく、資金繰りにもずいぶん苦労しました。

私は長女夫婦にこの株式会社仙台ユートリア倶楽部を承継してもらうつもりで、妻の晴美もそれに賛成してくれ、私は婿の昌史に会社の経営を教え、晴美は長女の千秋に女将業を指導しています。千秋も昌史も非常に頑張り屋で、お客様や従業員の受けも良く、未来はとても明るいと思っています。

しかし、私には他に長男の拓司と次男の浩之の2人の息子がおります。彼らは会社員として独立した生計を立てており、今のところお金に困ることもなく長女夫婦を応援してくれているのですが、私の兄弟の例もあり、私亡き後、相続のときに突然、法定相続分を要求してくるリスクもあるのではと心配しております。」

「そうですよね、お父様やお母様が亡くなった後、今まで仲の良かった兄弟が突然もめだすことがよくあります。」

と東山弁護士がうなずいているのに続き、西園寺税理士が

「相続税の額を聞いて急に態度が変わり、お金を要求してくるケースを私も何回か経験しております。」

と同意しています。

原社長は顔を曇らせ、自分が相続のときにどんな辛い思いをしたかを思い返していました。何とか、娘夫婦にはこんな思いをさせず、前向きな人生を送って欲しいと力を込めて先生方に尋ねました。

「この話を村居社長にしたところ、先生方のお力により、経営権の確保と相続税の問題を一挙に解決できる秘策を授けてもらったと話してくれました。先生方、どうか私にもその方法を教えてくれませんでしょうか？」

西園寺税理士と東山弁護士は顔を見合わせてにっこり笑いながら、大きくうなずき合いました。

そして、東山弁護士が説明を始めました。

「平成18年に会社法が施行され、さまざまな種類の株式を作れるようになったというのがこの対策のポイントです。これらの株式を「種類株式」といいますが、この種類株式の説明から始めたいと思います。

会社がお金を必要としたときには、金融機関から借り入れる方法と、多数の人に出資してもらう方法があります。出資者にその証として発行されるものが、株式会社の社員である地位を表す株式です。よって、各株式の権利内容は平等であるのが原則で、出資の対象となる株式は、本来的にはその権利内容は同一とされています。これを「株主平等の原則」とよんでいます。」

原社長は、株式会社仙台ユートリア倶楽部の株式には、すべて同じ権利があるのだなとわかりました。しかし、株式の権利ってなんだろうと気になり、東山弁護士に尋ねてみました。

「株主に認められる主な権利は、1つ目には、剰余金配当を請求できる権利、2つ目には、清算に伴い残余財産の分配を請求できる権利、3つ目には、議決権があります。

各株式に認められているこれらの権利は通常平等とされており、一般的に株式の内容について格別の定めを設けていない株式を「普通株式」とよんでいます。」

原社長は株式会社仙台ユートリア倶楽部の株式は、全部普通株式だとわかりました。説明は続きます。

「株式の内容は原則としては普通株式となっていますが、会社法により例外的に、普通株式とは異なる内容の株式を発行することができます。これにより、株式の内容の異なる2つ以上の種類の株式を発行する場合には、一般的にそれぞれの株式を「種類株式」とよぶのです。」

原社長は、種類株式を発行している会社なんて聞いたことがない、一体どんな株式なんだろうと興味津々です。

そんな原社長の様子を見ていた西園寺税理士が、東山弁護士に声をかけました。

「東山先生、先生が先日私にくださった、種類株式を表にまとめた説明書がありましたよね？　確か、9つの事項について、内容の異なる種類の株式を発行することが認められていたと思いますが、あの説明書をお渡しして説明を続けられたら、原社長にもわかりやすいのではないでしょうか？」

「そうですね、あの説明書を見ていただいた方がよくわかりますね。」

「では、ちょっと取ってまいりますね。」

と西園寺税理士は自分の執務デスクに取りに戻り、早速その説明書を原社長に渡してくれました。

〈株式の内容を異にすることができる種類〉

①	剰余金の配当（配当優先株式、配当劣後株式等）
②	残余財産の分配（残余財産優先分配株式等）
③	株主総会において議決権を行使することのできる事項（議決権制限株式）
④	譲渡につき会社の承認を要すること（譲渡制限株式）
⑤	その種類株式について株主が会社にその取得を請求できること（取得請求権付株式）
⑥	その種類株式について会社が一定の事由を生じたことを条件としてこれを取得できること（取得条項付株式）
⑦	その種類株式について会社が株主総会の決議によってその全部を取得すること（全部取得条項付種類株式）
⑧	株主総会（取締役会設置会社においては株主総会または取締役会）において決議すべき事項のうち、その決議のほか、種類株主総会の決議があることを必要とするもの（拒否権付株式、黄金株ともよばれている）
⑨	種類株主総会において取締役または監査役を選任すること（取締役・監査役の選解任権付株式）

その説明書を読んだ原社長は9つの種類をしっかり確認することができ、食い入るように見ていました。

「剰余金の配当や、残余財産の分配、議決権が異なるなど、今や同じ会社の株式でありながら、いろいろな株式が発行できるんですね。目から鱗のお話でびっくりしました。東山先生、まずこの中で、一番わかりやすい配当の異なる種類株式について教えていただけませんか。」

と早速質問を始めました。

剰余金配当に関して内容の異なる種類株式

「剰余金配当優先種類株式の株主は、配当可能利益がある場合には、一定の決められた額については、普通の株主より優先して剰余金の配当を受けることができます。配当原資が不足した場合、順番を優先して配当を受けることができるので、「剰余金配当優先株式」といいます。順番の優先ですから、普通株式よりも配当額が多いと決まっているわけではありませんし、会社に債権者がいる場合には債権者が優先します。よって、配当をどうするか、発行前に要件を決めておく必要がありま
す。」

原社長は、配当優先株式というのは、配当額が多いことだと勝手に思っていましたが、実は先に配当を受けることのできる順番に関する権利がある株式なのだと知り、びっくりして尋ねました。

「優先される配当額は、どのように決まっているのですか？　また、普通株を持っている人が配当を受けるとき、優先株を持っている人はもう一度配当を受けることはできるのですか？」

東山弁護士は

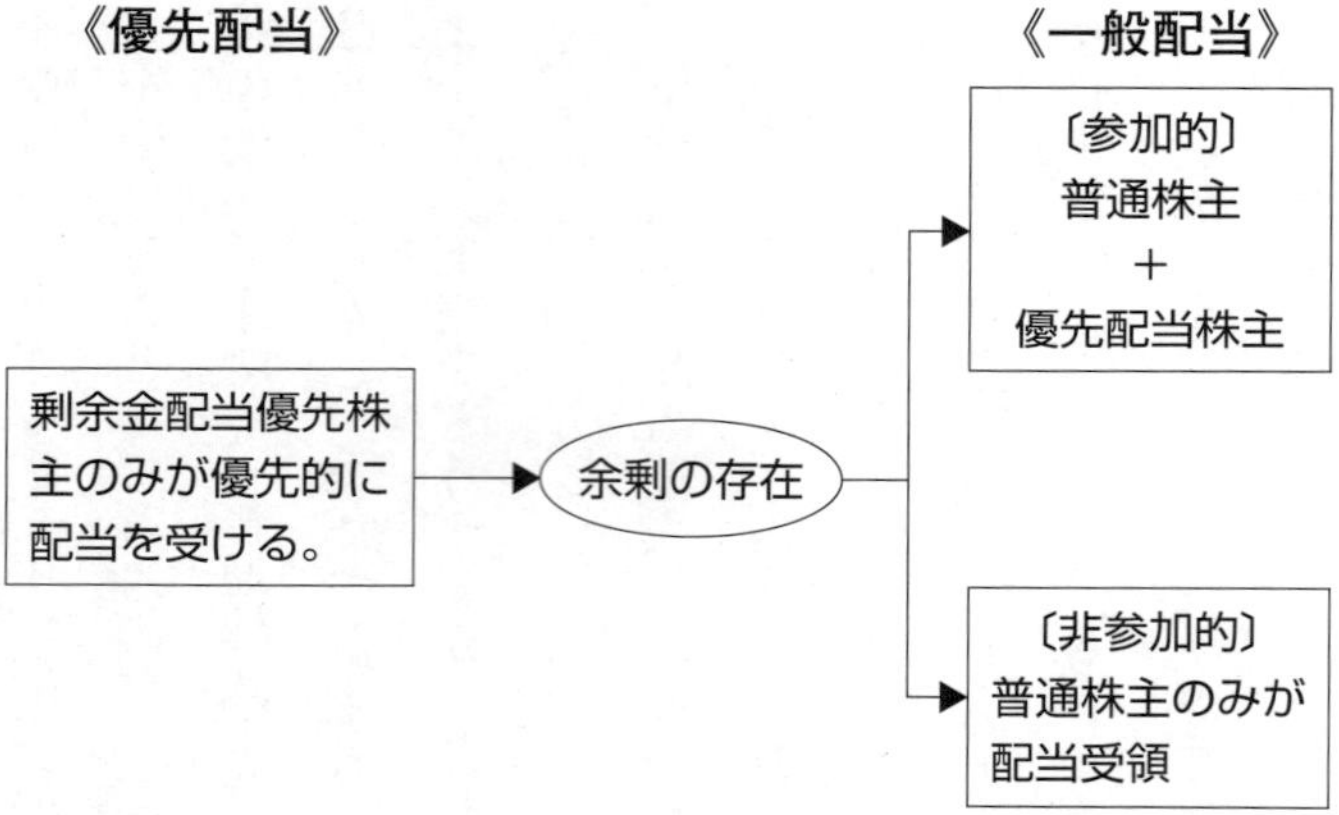

「配当優先株式1株当たりの配当について優先権を確定するため、いくらの範囲で優先権を認めるかは、株主総会の特別決議で決定します。この額は別に金額でなくとも、計算式でもかまいません。株主が認識できればいいのです。

また、配当優先株式について、優先順位に基づく配当がなされた後に、まだ配当可能利益があり余剰があるという場合に、優先株主が引き続き普通株主とともに配当を受けることができるか否かについても、株主総会の特別決議で決定します。

引き続き配当を受けることができるものを「参加的配当優先株式」といい、受けられないものを「非参加的配当優先株式」といいます。参加型の場合には、順位だけでなく、配当金額も優先された額だけ多いことになります。」

と詳しく丁寧に答えてくれました。

「なるほど、配当の額を多くするかどうかも、株主総会の特別決議で決めるのですね。

その年に配当できない場合は、優先株式の株主は優先権を実行できなかったわけですから、翌年には他の人より有利に取り扱われるのですか？」

「こういうことも、株主総会の特別決議で事前に決めておきます。配当優先株式には、今ご説明した、参加・非参加型のほかに、累積的・非

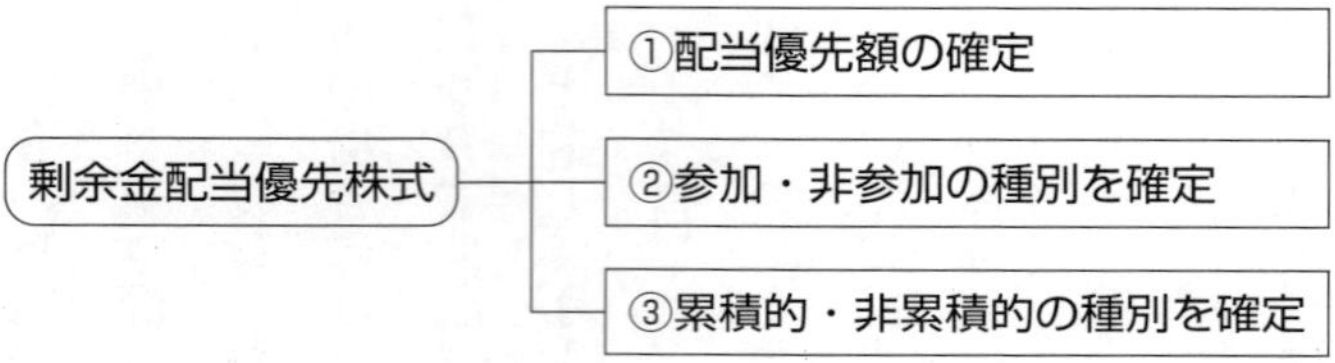

累積的の種別もあります。「累積的配当優先株式」とは、当期に優先順位に基づく配当ができなかった場合に、翌期の配当に際して、これまでの不足分もまとめて優先順位に基づく配当となることが保障されているものです。また、「非累積的配当優先株式」とは、当期の配当優先額の不足分については、翌期以降に持ち越されることなく、優先額の保障のないものをいいます。」

原社長は、配当優先株式だけでも4種類以上の株式があるのだと、目を丸くしています。ただ、配当は毎期、するかしないかを決めるものですが、会社を清算して財産分けをすることなどめったにありません。これについてはどう取り扱われているのかと、東山先生に説明してもらうことにしました。

「残余財産の分配に関して、内容の異なる株式としては、まず解散や倒産したときに、優先して財産の分配を受けることのできる「残余財産分配優先株式」があります。この株式に対しては、剰余金の配当についても優先権をつけてもよいし、つけなくてもかまいません。配当や議決権の有無にかかわらず、残余財産の分配の際には、優先権を行使することができるというものです。なお、残余財産分配請求権の認められない株式を発行することも可能です。」

実際にはあり得ないような話を聞いて、信じられない顔の原社長は

「いやぁ、財産のある会社が解散しても、分配を受けられない株式は、配当権や議決権を除いては何の価値もありませんよね。でも反対に、非上場株式で簡単に現金化できない株式の場合は、残余財産分配請求権なんかいらず、議決権と配当権さえあればいいのかな～。」

とつぶやき、東山弁護士が答えます。

「そうですよね。剰余金配当や残余財産分配に関して、内容の異なる株式としては、剰余金配当請求権を認めない株式や、または残余財産分配の権利を認めない株式というものも発行することができます。ただし、剰余金配当請求権も残余財産分配請求権もともに認められない種類株式は発行できません。そんな株式は資産としては無意味なものになるからです。

たとえば、ベンチャー企業が将来性にかけて、富裕な個人からの出資を受ける、いわゆるエンジェル投資を求める場合、配当優先で、かつ、残余財産分配優先とする種類株式を募集すれば、高利回りで確実性が高まるとエンジェル投資を行う投資家に喜ばれるでしょう。」

なるほど、とうなずいた原社長は、次に議決権の異なる株式について説明してくれるようお願いしました。

議決権が制限されている種類株式（議決権制限種類株式）

「それでは次に、議決権が制限されている種類株式について説明いたします。先ほどご説明しましたように、株主には、基本的な権利として、剰余金の配当、残余財産の分配、株主総会における議決権を行使することができます。

しかし、その例外として、株主総会の議決権について、他の株式とは異なる定めをした株式の発行が認められています。従前は議決権が全く認められない「完全無議決権株式」しか認められていなかったのですが、今では株主総会の全部又は一部の事項についてのみ議決権を制限することができます。これらを「議決権制限株式」といい、その議決権の制限に関しては、たとえば先ほどお渡しした説明書に説明してあるような種類の、さまざまな要素が混合された株式が考えられます。」

> ① 配当優先無議決権株式（次のどちらもＯＫである。）
> ○無配当の場合に議決権を復活させるもの
> ○無配当の場合でも議決権が復活しないもの
> ② 配当優先のない無議決権株式
> ③ 剰余金の配当額など、一部の議案についてのみ議決権を有する株式
> ④ 残余財産の分配について、優先権のある無議決権株式

とさまざまな種類株式を、東山弁護士がホワイトボードに例示してくれました。

「議決権を制限する株式といっても、議決権が完全にない株式しかないと思っていたのですが、一部だけ議決権を制限することができるなんて、初めて知りました。」

「いや、議決権制限株式といっても、今でも議決権の全くない株式がほとんどですよ。

この、総会のすべての事項について議決権を有しない株式を「完全無議決権株式」といいます。この株式には、株主総会における議決権がありませんので、無議決権株式の株主は、株主総会で権利行使することができません。相続にあたって、承継者以外の相続人にこの種類株式を相続させれば、経営支配権に影響を与えることなく財産分けをすることができますよ。もちろん、議決権がないのですから、不公平のないように、配当優先や取得請求権と組み合わせるなどの工夫をすることを検討する必要があるでしょう。

かつては、配当優先株式でなければ無議決権株式は発行できず、優先配当が実施できなければ、無議決権株式の議決権が復活するものとされていました。現在では、議決権と剰余金優先配当には関連性はなく、普通株式と同様の配当で、無議決権株式であるという株式の発行も認められていますよ。」

との言葉に原社長は、自分の知識が古くなっているのを知り、ちょっと反省しています。経営に関しては、新しい法律や税金を勉強することが何より大事だなと改めて認識しました。

「東山先生、では議決権制限株式って、誰がどのように決めていくのですか？」

「この株式も同様に、株主総会の特別決議によって決めていきます。まず、完全無議決権株式とするのかどうかを決めます。また、完全無議決権株式としない場合には、特定事項のみの議決権を制限するのかどうかを決めます。さらに、特定事項のみの議決権制限とする場合は、どの事項につき制限すべきかを決めます。

このようにして、議決権制限株式の内容を検討していくことになります。」

専門的な話になりすぎ、原社長はその説明についていけなくなってきたので、東山弁護士の話にストップをかけて、わからない箇所を質問しました。

「いやぁ、先生の仰っていることがよくわからなくなってきました。要するに特定事項の一つひとつについて制限すべきかどうか、細かく決められるということですか？」

東山弁護士は、原社長の困ったような顔に思わず苦笑いをしながら、わかり易く説明を始めました。

「そうですね。いってみれば株主総会の特別決議さえ成立すれば、議決権に関してもさまざまな条件の株式が発行できるということなのです。

また、従前は、議決権制限株式は発行済株式の2分の1を超えて発行

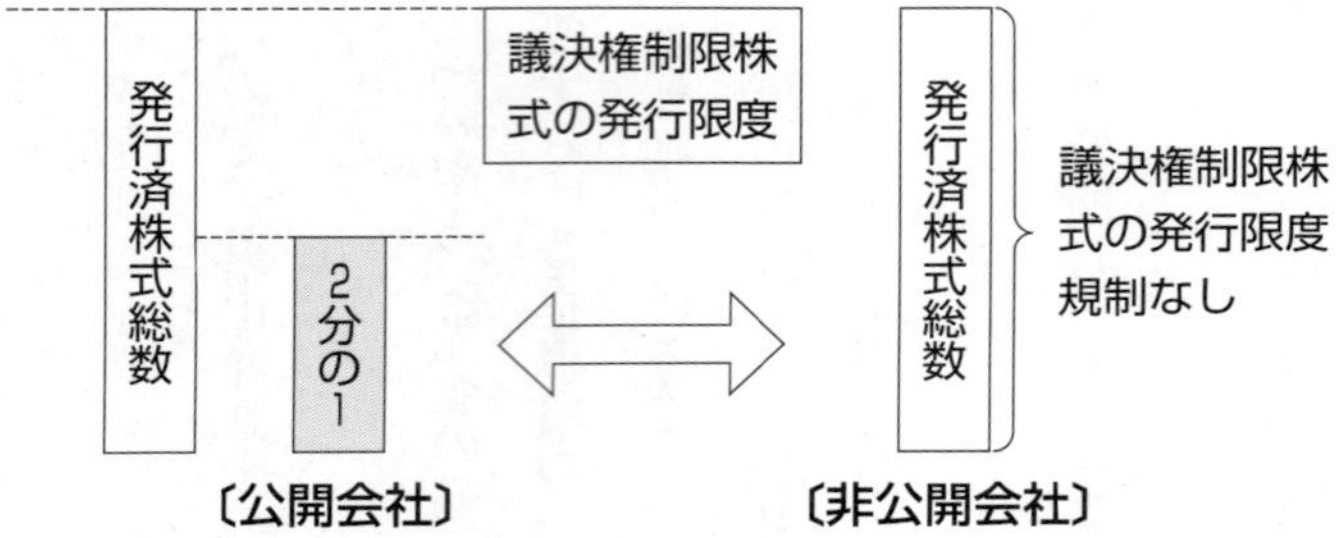

することができませんでした。現在では、公開会社においては、議決権制限株式は発行済株式の2分の1を超えて発行することができませんが、株式会社仙台ユートリア倶楽部のような非公開会社においては、議決権制限株式の発行限度に関する規制はなく、無制限に発行できるのです。

たとえば、議決権制限株式を発行している場合、99％が完全無議決権株式であったとしたら、残りの1％の普通株式を所有しているだけで、株主総会で原則として安定議決権を確保できることになります。非公開会社の場合、このように議決権制限株式を活用すれば、非常に少数の自社株式の所有で、安定議決権を確保できることになるのです。」

「東山先生の話を聞いていると、1株だけの議決権株式ということもできるのですね。いや、本当に驚きです。」

と原社長は感心していますが、西園寺税理士が問題となる点を話し始めました。

「また次の機会にご説明しますが、自社株式については、相続税や贈与税が非常に軽減される納税猶予制度を適用することができます。しかし、納税猶予の適用を受けることのできる自社株式は、議決権に制限のない株式に限定されています。議決権の一部にでも制限があると納税猶予の適用が認められませんので、この点を考慮して検討する必要があります。」

種類株式を賢く活用すれば、村居社長のように自社株式の問題を解決できるかもしれないと、原社長は納得しました。そこでいよいよ、株式会社仙台ユートリア倶楽部の会社の承継に、これらの種類株式をどのように活用すればよいのかを聞いてみることにしました。

会社の承継における配当優先株の活用

「東山先生、これらの種類株式をどのように活用したら、株式会社仙台ユートリア倶楽部の経営権をしっかり確保できるのでしょうか？」

原社長の質問に、東山弁護士はどのような種類株式をどのように活用すれば、株式会社仙台ユートリア倶楽部の会社の承継を成功させることができるのかを考えながら話し出しました。

「配当優先株式を活用するのがまず基本です。まずは、どのような配当優先株式にするかを検討しましょう。

「非参加的配当優先株式」は、優先順位の決められた額しか配当を受け取ることができませんので、受け取る配当額については、金銭債権と同様に一定額に限られ上限があります。

一方、「参加的配当優先株式」は、非参加的配当優先株式と比べてみると、優先順位に基づく配当を受けた後も、残余している剰余金があれば追加の配当を受けることができますので、受け取る配当額については上限がありません。ただし、優先配当は業績が悪くとも剰余金があれば払わなくてはなりませんので、会社の負担となることにも注意しなければなりません。

また、配当を期待する人から見れば、当年度の剰余金が優先して配当すべき金額に達しなかった場合に、その不足分が、翌期以降の剰余金配当の際に補填されるならば安心です。これらを実現することのできる「累積的配当優先種類株式」なら、株主としても特定の事業年度の会社の経営状況に一喜一憂することなく、社債のような感覚で長期的に投資方針を考えることも可能になります。

したがって、配当額に上限がある代わりに、残余財産分配が優先される種類株式を発行するのか、それとも配当額に上限がない代わりに、残余財産分配が後回しにされる種類株式を発行するのか等、種類株式の発行を決定するときには、会社の承継を十分考慮した上で、誰に持たせるかによりこれらを使い分けていくことが重要です。

従業員等の信頼できる親族以外の人に持ってもらうときには上限があり、かつ累積的に優先額の保障される「非参加的・累積的配当優先株式」とすると安心な上に、喜ばれるでしょう。しかも、残余財産分配も優先としておけば、実質的に社債と変わらない株式といえるのではないでしょうか。

他方で、後継者以外の相続人には、議決権を制限する代わりに配当優

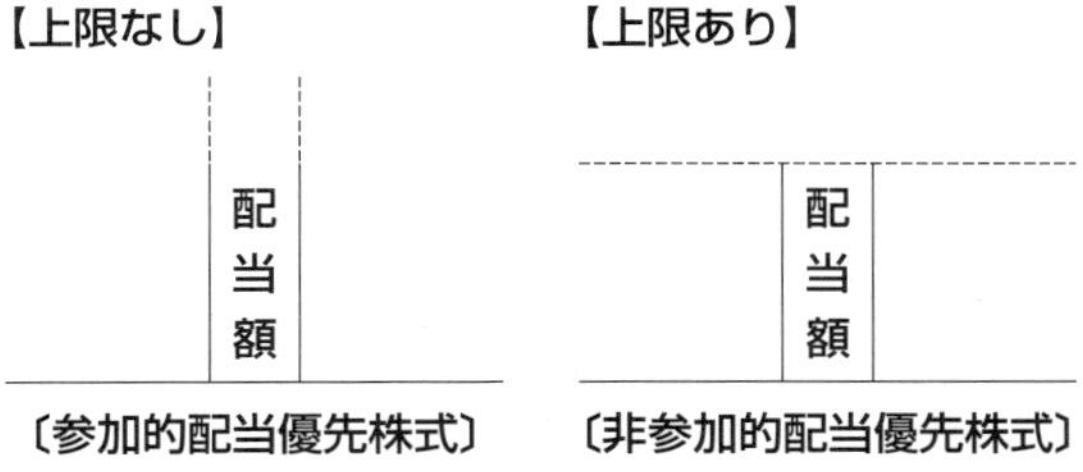

先とする場合には、上限はないけれど、業績の悪い場合には配当不足分を翌期補填しない「参加的・非累積的配当優先株式」が有効ではないでしょうか。業績が良ければ配当も多い、業績が悪ければ、創業者一族として翌期まで不足分は持ち越さないことになるからです。それぞれの株主の必要度に応じて、どの種類株式を用いるかを検討していくことになります。

たとえば、種類株式を発行し、議決権のある株式を後継者に集中して贈与し、収益性のある議決権制限株式を非後継者である相続人に生前贈与した上で遺留分の放棄をしておいてもらえば、急に相続が発生したとしても安心でしょう。」

西園寺税理士も原社長も、東山弁護士の素晴らしい提案に大きくうなずいています。

会社の承継における議決権制限株の活用

東山弁護士は続けて、議決権制限株式の活用方法について説明しました。

「それにはまず、相続に先立って、株主総会の特別決議により議決権制限株式を発行しておく必要があります。そして、遺言又は遺贈により、後継者には普通株式を、その他の相続人には議決権制限株式を取得させることにします。後継者以外の相続人の遺留分等の権利に配慮しつつ、後継者に経営権を集中させる対策となるのではないでしょうか。

株式会社仙台ユートリア倶楽部の会社の承継の局面で利用できる、議決権制限株式の内容としては、完全無議決権株式とするのがいいと思います。ただし、会社のさまざまなニーズに対応するため、配当・残余財産分配請求権に差異を設けることや、剰余金配当についてのみ議決権を設ける等の内容も考えられます。

これらの手法の活用により、何とか昌史さんと千秋さんに議決権を集中させることができればと思っております。」

西園寺税理士が、また別の角度から尋ねます。

「東山先生、特定の者の議決権を制限することで、後継者への経営権の集中を図る手法の種類株式として、他に拒否権付株式と株主ごとに異なる株式にするという方法があるそうですが、これらについても教えていただけますか？」

「拒否権付株式とは、特定の事項について、株主総会の決議の他に、その種類株式を保有する株主の承認決議が必要となる株式で、1株であっても拒否権を有するため、「黄金株」ともいわれています。

もう1つは、属人的種類株式で、非公開会社において株式ではなく株主に着目し、定款の定めをもって議決権や配当について、株主ごとに異なる取扱いを行うことができるものです。」

とまた、次の説明資料を原社長に渡してくれました。

「とはいっても、どちらも一般には用いられていないものですし、使いこなすのは非常に難しいので、株式会社仙台ユートリア倶楽部にはまずはオーソドックスな無議決権株式等をお勧めします。」

と東山弁護士は締めくくりました。

項　目	議決権制限株式（完全無議決権株式等）の発行	拒否権付種類株（いわゆる黄金株）の発行	属人的種類株式
会社法における改正点	非公開会社において、発行限度を撤廃	拒否権付株式についてのみ譲渡制限を行うことが可能に	非公開会社において制度新設
会社の承継者が有する経営権	集中した議決権	限定的議決権 ＋ 拒否権	集中した議決権
定款変更のために必要な手続	株主総会の特別決議：3分の2以上の賛成	株主総会の特別決議：3分の2以上の賛成	株主総会の特殊決議：総株主の頭数の半数以上かつ議決権の4分の3以上の賛成
検討を要する事項	議決権制限の内容をどのようにするのか	拒否権の内容をどのようにするのか	異なる取扱いの内容をどのようにするのか

会社の承継における従業員持株会の活用

「いろいろな種類株式の活用方法を東山先生からお聞きし、私は目から鱗が落ちたような気がします。しかし、よく考えると経営にタッチしない子どもたちに議決権のない株式を持たせた場合、相続税の負担はどうなるのでしょう。」

と原社長は、今度は西園寺税理士に尋ねました。

西園寺税理士は困った顔をして答えます。

「実は、同族株主が無議決権株式を相続等により取得した場合には、原則として、議決権の有無を考慮せずに評価するのです。ただし、納税者の選択により次の3つの条件を満たす場合に限り、原則的な評価額から5％減額した金額を、他の同族株主が取得した議決権のある株式の評価額に加算して申告することを選択することができます。

その3つの条件とは、①相続税の申告期限までに遺産分割協議が確定していること、②同族株式を取得したすべての同族株主がこの特例評価を選択して申告することに同意した届出書が、申告期限までに所轄税務署長に提出されていること、③「取引相場のない株式の評価明細書」に評価額の算定根拠を記載し、添付していること、となっています。よって、評価が下がるとしても大きくは減額しませんので、非常に税金負担の重い財産といえるでしょう。」

エッと驚いて、原社長も困ってしまいました。

「せっかく議決権を昌史たちに集約したとしても、そんな相続税負担では拓司や浩之の気持ちは治まらずに、かえって兄弟仲が悪くなるのではと心配になってきました。西園寺先生、村居社長の会社はどうしたんですか？」

との質問に、西園寺税理士は

「ええ、村居社長もそれを心配され、議決権のない株式は従業員に割り当てられました。社員さんの場合は同族ではないので、配当還元価額という非常に安い評価額となるからです。」

とニッコリ答えました。

「そうですよね。経営にたずさわらない子どもたちよりも、会社を一緒に大きくしたいという共通の目標を持つ社員達に持ってもらう方が私も嬉しいし、相続税の面でも有利ですからね。」

なるほどとうなずいた西園寺税理士は、東山弁護士に新たな質問をしました。

「東山先生、このように会社の承継対策として、議決権を制限した種類株式を従業員に割り当てる方法ですが、個人単位で行った場合は後でトラブルになるケースも多いとして、従業員持株会を設立し運営してい

〈従業員持株会の組織〉

く方法に人気があります。この従業員持株会についての、注意すべき点とメリット・デメリットを教えていただけませんか？」

「了解です。従業員持株会の組織には、次の4つの場合があります。

同族会社が従業員持株会を作る目的は、相続税対策の他に従業員にも株主になってもらいモラルを高めることにあります。これを主たる目的とする従業員持株会なら、従業員が直接株主になる直接参加方式がよいでしょう。

しかし、従業員を株主にした場合には、退職の際の高額な買取要求、株主としての権利の乱用的な行使、第三者への譲渡という不安もあります。そこで、これらの不安があるなら従業員持株会自体が株主になり、従業員が持株会に対し持分を持つにすぎない民法上の組合形式の持株会がいいでしょう。特に、民法上の組合による従業員持株会でも、自社株の引出しができないようにしておくといいでしょう。」

東山弁護士の説明をじっくり聞いた原社長は、まだ少し不安そうです。

「東山先生、従業員持株会の作り方や運営方法についても、もう少し詳しく教えていただけますか？」

とお願いしました。

東山弁護士はポイントを丁寧に説明してくれました。

「まず、会社の定款に譲渡制限規定を設けます。次に、従業員持株会に配当優先、完全無議決権種類株式を割り当てます。そして、従業員持株会の規約を整備し、退職時、持株会へ強制的に譲渡する等を決定するとともに、買取価格の算定方法を明記した上で、従業員持株制度を導入するといいでしょう。簡単に箇条書きにまとめましたので、この資料をもとに一度、社内で検討してみてください。」

①　民法上の組合とする
②　持株会が株主、持株会に加入する社員が直接株主にならない
③　持株会に加入する社員は、持株会から自社株を引き出せない
④　持株会加入者が退職する場合、持株会から持分の払戻しを受ける
　(株式の買取りではない)
⑤　払戻し金額はあらかじめ規約に定めておく

と説明書を渡した後、注意を付け加えました。

「同族会社にはさまざまな特徴があり、上場会社で採用されているような従業員持株会を作る必要はありません。株式会社仙台ユートリア倶楽部の社内環境の特色に合わせて「引出しができない」「買取価格を定める」「従業員持株会へ譲渡する」等、一定の縛りをつけて規約を作成するようにしてください。」

東山弁護士と西園寺税理士に種類株式のことをいろいろ教えてもらった原社長は、会社の株式というものの大切さを改めて認識しました。そして、せっかくできた種類株式をどう賢く活用するかが、経営権の確保と相続税の2つの問題を解決するキーポイントであると思いました。

議決権のない株式なら、目標をともにする社員に持ってもらうのはとてもいい方法に思え、早速、昌史・千明夫婦と相談し、民法上の組合としての従業員持株会を作ろうと思いました。会社の業績が良く、配当をそれなりに出すことができれば、持株会に加入した社員も喜んでくれるのではと思うと、とても元気になってきました。

よく考えれば、会社は個人のものではない。株主、社員、お客様と三位一体のものだと思い、経営者として身の引き締まる思いで、西園寺税理士と東山弁護士に今後とも指導いただけるようお願いし、足取りも軽く株式会社仙台ユートリア倶楽部に帰っていきました。

ポイント

①会社法の施行でさまざまな種類株式が発行できることになった

②配当、残余財産分配権、議決権など、9種類の内容の異なる株式が発行できる

③無議決で配当優先である種類株式を発行して後継者以外に持たせ、経営権を確保する

④無議決であっても原則として相続税評価額は変わらないため、同族以外が望ましい

⑤従業員持株会を作り、③の株式を持ってもらうと一石二鳥である

⑥買取り時にもめないよう、規約をしっかり整備しておく必要がある

Ⅶ

自己株買いや組織再編で承継に成功する処方箋

自己株買いや組織改編で経営権確保やスムーズな承継に成功

稲葉あき子社長は事業に成功し、今ではグループ会社をいくつか経営するまでに発展しました。会社が発展するにつれ、経営権確保や相続税負担の問題が大きくなってきました。解決方法を考え、事前に準備しておくことが大切だと熟考中です。

稲葉社長のケース

稲葉あき子さんはシステム開発の委託やソフトを販売する株式会社京都システムを創業し、今ではデザイン会社や広告代理店までグループ会社を拡大し、それらをすべて統括しています。

夫に支えられて創業し、発展させてきた株式会社京都システムですが、5年前に夫を亡くした後も、稲葉社長は3人の子どもたちと一致団結してどんどん社業を拡大してきました。

ただ、会社が大きくなりすぎ、もはや家族経営でこの会社を承継し続けるのは困難だと思っています。しかし、ほとんどのグループ会社の株式の大半を稲葉社長が保有しており、もし自分に相続がおきた場合には多額の相続税がかかり、会社が人手に渡ってしまうことも想定できます。

会社法や税法の改正により、自己株買いや組織再編などさまざまな手法について税金や法律の束縛が少なくなったと教えてもらいました。ただ、どうしたらいいか五里霧中で、この分野で数多くの経験がある西園寺税理士と東山弁護士に相談して自分のビジョンを決定し、どのように実現していくかを考えようと思っています。

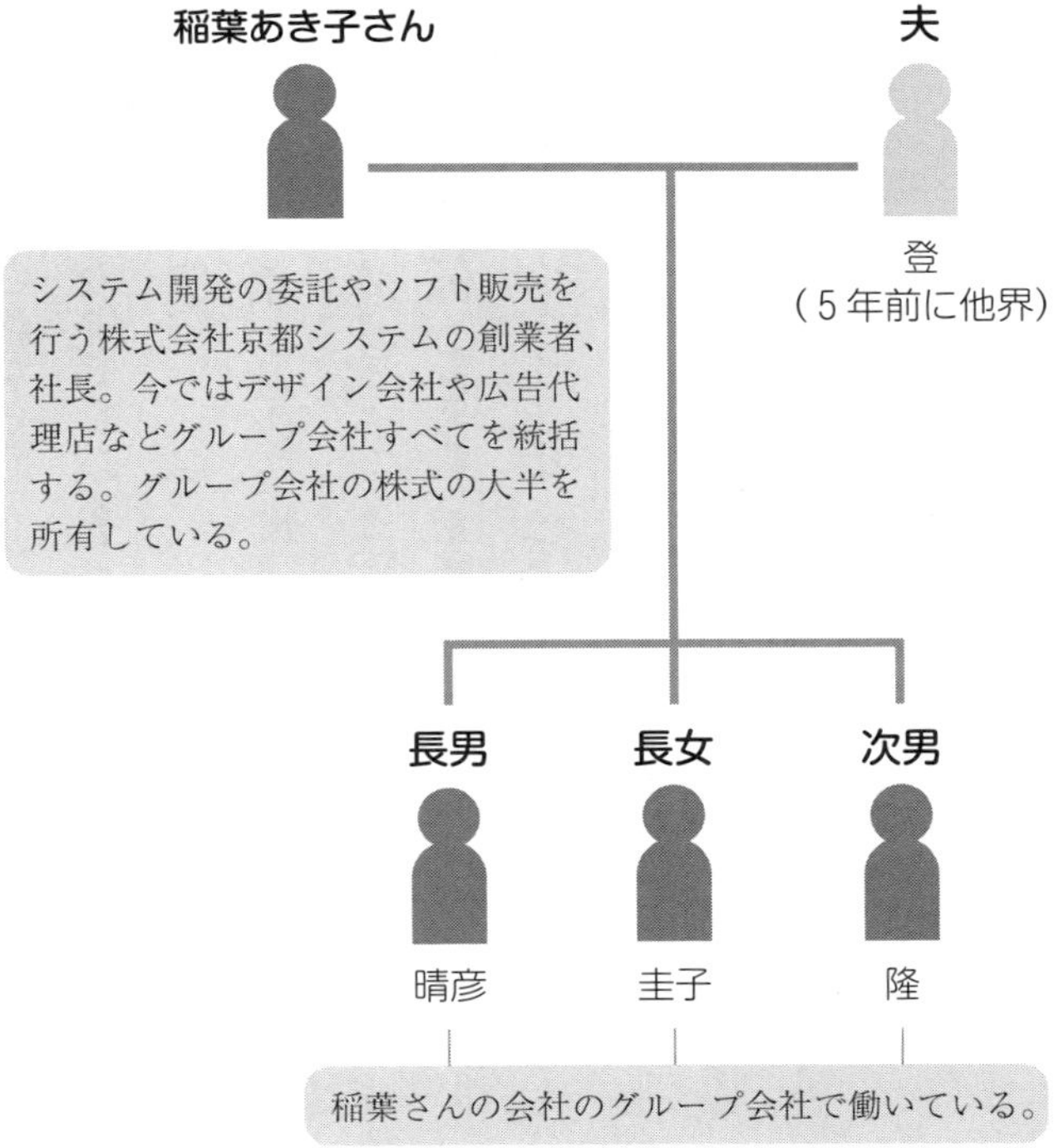
稲葉あき子さん
夫
システム開発の委託やソフト販売を行う株式会社京都システムの創業者、社長。今ではデザイン会社や広告代理店などグループ会社すべてを統括する。グループ会社の株式の大半を所有している。
登
（5年前に他界）
長男
長女
次男
晴彦
圭子
隆
稲葉さんの会社のグループ会社で働いている。

稲葉あき子社長はこれからも夫と共に創りあげた株式会社京都システムを成長させ、日本の中でも必要とされるグループ企業として存続させることが自分の夢です。

しかし、自分が一線を退いた後、どのように事業を承継させるべきか、また、自分自身が所有している大半の株式会社京都システムの株式に係る相続税の納税のことなどを考えると、頭の痛い問題が山積みです。長男の晴彦、長女の圭子そして次男の隆と、3人の子ども全員がグループ会社に入社し、それぞれ頑張ってくれてはいますが、強烈なリーダーシップをもって全社を統括できる力があるとは思えません。

ここ最近、会社法と税法の改正が頻繁に行われ、合併・分社・組織再編などさまざまな手法について税金や法律の束縛が少なくなったと経営者仲間に教えてもらいました。そこで、株式会社京都システムに子どもたちが相続した株式を買ってもらい、相続税の納税資金を調達する方法や、合併・分社を行うことにより経営と資本を分離するなどの手法を使い、家族の相続税負担をなるべく軽くした上で、会社がどんどん発展できるような組織再編を行っていきたいと思っています。ちょうど会社の取締役会があり、東山弁護士と西園寺税理士が参加してくれることになっていたので、その後2人に時間を取ってもらい、この問題について相談しようと思いました。

稲葉社長は秘書に、取締役会の後、東山弁護士と西園寺税理士に2時間程相談に乗って欲しい旨を依頼するように指示しました。

――株式会社京都システムの取締役会の後――

取締役会の後、役員応接室に集まり、稲葉社長は東山弁護士と西園寺税理士にわざわざ時間を取ってもらったことにまずはお礼を伝えました。

そして、自分が知りたいのは、経営権と資本を分離する方法、家族の相続税納税資金を確保するために会社に自己株式を買い取ってもらう方法、その他の組織再編についての法律上と税金上の取扱いであることを2人に伝えました。

すると東山弁護士が早速、丁寧に経営権の基本から説明し始めました。

株主総会が重要

「稲葉社長がお知りになりたいことがわかりました。会社の憲法に当たるものが定款というものです。定款に定めれば、事業の大転換や承継のために行える方法がいろいろあります。「定款自治」といい、法律のみならず会社が自由に決めることのできる範囲は広いのです。ただ、そのためには定款変更を含め、さまざまな会社方針につき、株主総会の決議が必要とされます。ところが、これがなかなか難題なのです。というのは、同族会社の場合には株主総会さえ開いていない会社があるからです。」

稲葉社長は私の会社はちゃんと株主総会を開いてきたなと胸をなでおろしました。東山弁護士は説明を続けています。

「経営者が株主総会決議について熟知しておくことは非常に重要です。なぜなら、定款や仕組みの変更を決議するには多数の株主の賛成が必要で、決議事項によって要件がいろいろ異なっているからです。

たとえば、出席してもらえない場合には委任状で出席扱いとなり賛成票とすることもできます。これらも活用して、総会決議で承認されるように事前に対策をしっかり練っておく必要があります。」

〈株主総会の決議事項の要件〉

Ⅰ．普通決議

議決権の過半数を有する株主の出席 ＋ 出席した当該株主の議決権の過半数の賛成

〈対象例〉

・役員の選任・解任
・決算書類の承認
・利益の資本組入れ

Ⅱ．特別決議

議決権の過半数を有する株主の出席 ＋ 出席した当該株主の議決権の３分の２以上の賛成

〈対象例〉

・Ⅲ、Ⅳ以外の定款変更
・種類株式の発行
・自己株式の取得
・増資・減資※

※　定時株主総会で欠損額の範囲内の減少を除く

Ⅲ．特殊決議①　※　定足数の規定なし

議決権を行使できる株主の半数以上 ＋ 当該株主の議決権の３分の２以上の賛成

〈対象例〉

・株式の譲渡制限にかかる定款変更

株式が分散している会社は株主数の判定があるので要注意!!

Ⅳ．特殊決議②　※　定足数の規定なし

総株主の半数以上 ＋ 総株主の議決権の４分の３以上の賛成

〈対象例〉

・株主ごとに異なる取扱いを行う旨の定款変更

↓

安定値：議決権の３分の２以上・株主総数の半数以上の確保!!（67%以上）

そういいながら東山弁護士は説明資料を稲葉社長に渡しました。その資料には、株主総会の4つの決議の種類とその事例が説明してありました。

「いただいたこの資料によりますと、会社法における株主総会決議には普通決議、特別決議、特殊決議、属人的種類株式に関する決議の4つがあって、それぞれ要件が異なるのですね。初めてはっきり理解しました。」

と稲葉社長は苦笑いしています。

「株主総会が最高の意思決定機関なのですから、重要決議事項についての成立要件・決議要件等を理解しておくことは経営者にとって大切なことです。特に決議要件については十分に理解しておき、決議の際、議案を可決できるかどうかを適切に判断しておく必要があります。

すでに株主が分散している会社や、少数株式を保有する経営陣に好意的でない株主がいる会社については、まず株主への対応をしておくことが必要なのですが、株式会社京都システムは株式が分散していませんのでこの点は安心ですね。」

東山弁護士の説明を聞いた稲葉社長は、株式の大半を所有している場合は相続税は大変だけれど、会社の組織改編や今後の方向性を決める上では非常に有利だと改めて認識しました。

「東山先生。社長仲間に株式の大半を所有したままだなんて、相続や相続税のことをほとんど考えていないのですねといわれたときはショックでしたが、これから会社の方向性を決めるには必要なことだったとわかり、何だか嬉しいですね。」

「そうです。稲葉社長が自社株式の大半を持っていることは、今後の会社の方向性を決定するために非常に有利なことです。3分の2を超える株数を持っていらっしゃるので、定款変更や合併、自己株式の取得等の特別決議を確実に可決でき、いろいろな手法がスムーズに行えるからです。」

という東山弁護士の言葉に稲葉社長はすっかり満足し、大きくうなずいていています。また、ちょうど知りたかった自己株式の買取りの話になったので思わず尋ねました。

「今の話なんですけど、子どもたちの相続税の納税資金を確保するために会社に自己株式を買ってもらうつもりだったので、東山先生、この件についてぜひ詳しく教えてください。」

金庫株を取得する場合の注意点

「非上場会社の株式を発行会社が取得する場合、金庫株といいますが、この自己株式取得の決議は定時株主総会のみならず、臨時株主総会でも可能となっています。よって、株主総会決議さえあれば、分配可能利益の範囲内で、いつでも何度でも取得することができるのです。」

との東山弁護士の答えを聞きながら、ではお金がいるときに子どもたちは発行会社にいつでも買い取ってもらうことができるのかを確認しました。

「株式会社京都システムが株式を直接取得する「相対取引」で、お子様たちからのみ自己株式を取得する場合には、株主総会の特別決議において、①取得する株式の数、②交付金銭等の内容と時価総額、③株式を取得することができる期間、④譲渡人となる株主を定めて取締役会に委任する必要があります。

さらに、譲渡人以外の株主は自己を譲渡人に加えることを請求できるので、株式会社京都システムがお子様たちから株式を買い取るときには、希望する他の株主からも同条件で買い取らなくてはなりませんので、特に注意が必要です。」

東山弁護士の説明を聞いた稲葉社長は驚きました。

「特定の株主から取得する旨の決議をする場合には、他の株主は自己を売り主に加えるよう会社に請求することができるなんてびっくりです。

資金繰りのために、子どもたちが自社株式を会社に買ってもらいたくとも、他の人の株式まで買い取らなければならない事態になって、結局株式を買い取ってもらえなくなったら意味がないですしね。先生、何かいい方法はないのですか。」

相続株式に限る特例

東山弁護士はニッコリ笑ってVサインを出しながら、

「それが、会社法の施行でできるようになったんですよ。非公開会社が相続人等から相続・遺贈等により取得した株式を合意により取得する場合に限り、通常の自己株式の買取りとは異なり、他の株主は自己を売り主として追加することを請求できません。よって株式会社京都システムは、稲葉社長の相続人であるお子様たちのみから自己株式を取得することもできるのです。」

と教えてくれました。

「東山先生それはすごいですね。でも、手続は複雑でしょうね。注意すべきポイントはありますか。」

平成18年4月30日まで	平成18年5月1日以後
相続・合併等で取得した株主から自己株式の取得をする場合 ↓ 通常の自己株式取得と同じ手続が必要 ↓ ・定時株主総会の決議 ・他の株主は、自己を売り主に追加するよう請求できる	相続・合併等で取得した株主から自己株式を取得する場合 ↓ ・株主総会の特別決議は必要だが、他の株主は、自己を売り主に追加するよう請求することはできない

と稲葉社長は嬉しそうに興奮して質問しました。

「株式会社京都システムが、株主総会の特別決議に基づき相続人等からその相続株式を取得するときは、取締役会設置会社は取締役会決議、取締役会非設置会社は株主総会により所定の事項を決議し、相続人等にその内容を通知しなければなりません。

ただし、相続人等が株主総会等において承継した株式につき議決権を行使した場合、相続人等は株式を手放さずに株主としてとどまることを選択したことにな

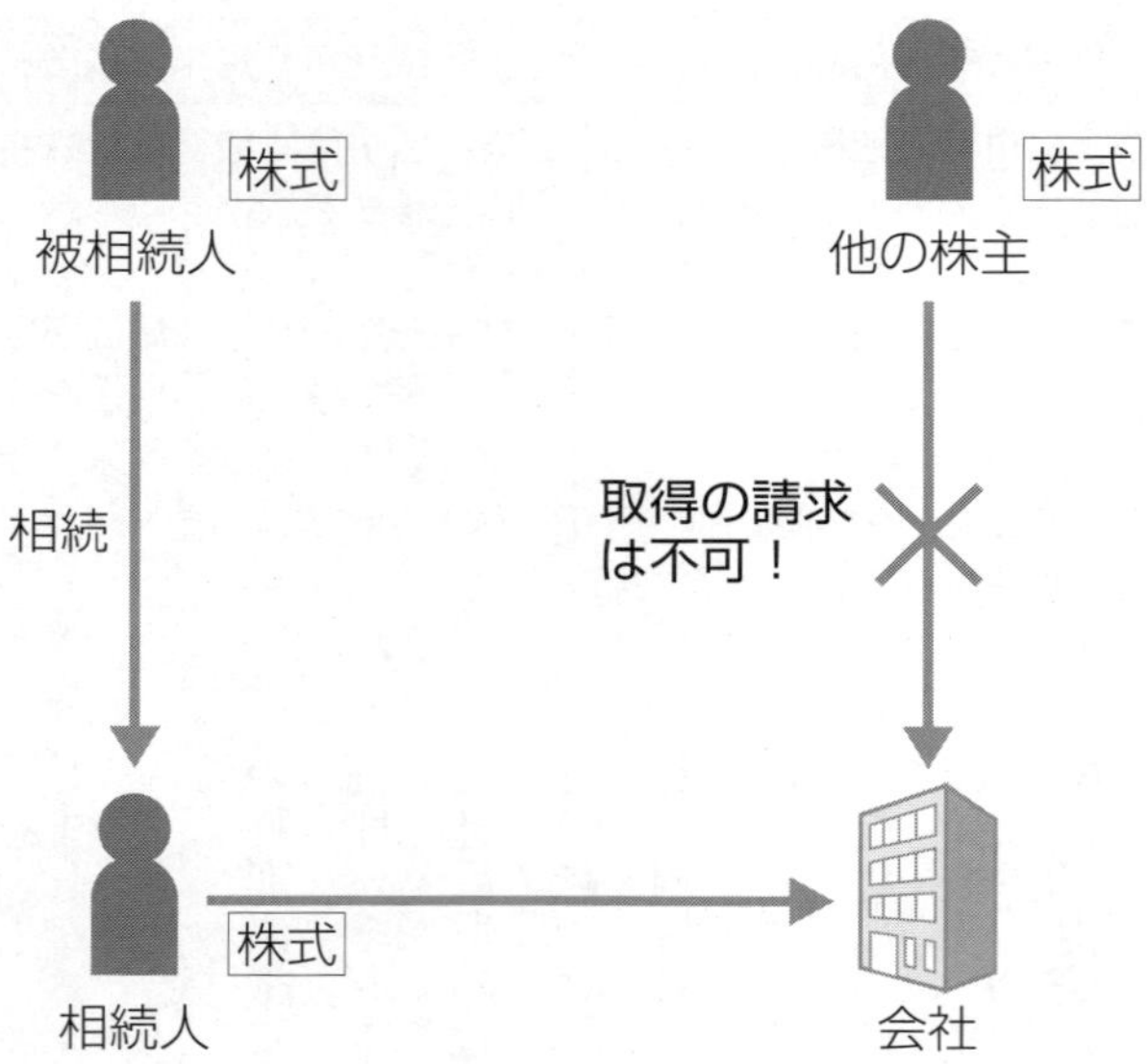

りますから、この特例は適用されませんので、株主総会までに買い取らなくてはならないでしょう。」

「東山先生、安心しました。自己株式の買取りは原則としてそのとき申し出のあった人と同じ値段で買い取らなくてはいけないのですから、子どもたちだけが高い原則的な評価額で買ってもらうわけにはいかないのではないか、どうしようかと思っていました。

ところが相続等で取得した自己株式に限り、相続人である子どもたちが他の人に遠慮なく、自分たちだけが買い取ってもらうことができるのですから、自己株式を現金化できるビッグチャンスといえますね。」

とのワクワクした稲葉社長の話を聞き、東山弁護士は西園寺税理士の方を向きながら

「西園寺先生、自己株式の買取りの税金は単なる株式の譲渡と異なり、思わぬ高い税金がかかると聞いたことがあるのですが、その点を稲葉社長に説明していただけますか。」

東山先生に了解といいながら、西園寺税理士は自分の書いた会社の承継に関する著書を元気よくカバンから取り出し、稲葉社長に差し出しました。

「稲葉社長、私の書いた会社の承継の本をプレゼントします。会社法

の部分は東山弁護士にもチェックしていただき、読者にわかりやすいと好評を得ている本です。この本に基づいてご説明したいと思います。」

稲葉社長は、嬉しそうに微笑みながら本を受け取りました。

金庫株の買取りにかかる税金

「稲葉社長。その本の218ページを開いてください。そこに書いてあるように自己株式を売却した株主の税務上の取扱いは、株式を発行法人に金銭で引き取ってもらったのですから譲渡とはならず、資本の払戻しとみなされ配当所得となります。よって、資本の払戻しに該当すれば課税は生じず、配当とみなされる部分についてのみ課税されることになります。

〈自社株式を発行会社に売却した場合の取扱い〉

原則：相続以外で取得した非上場株式を発行会社に譲渡した場合

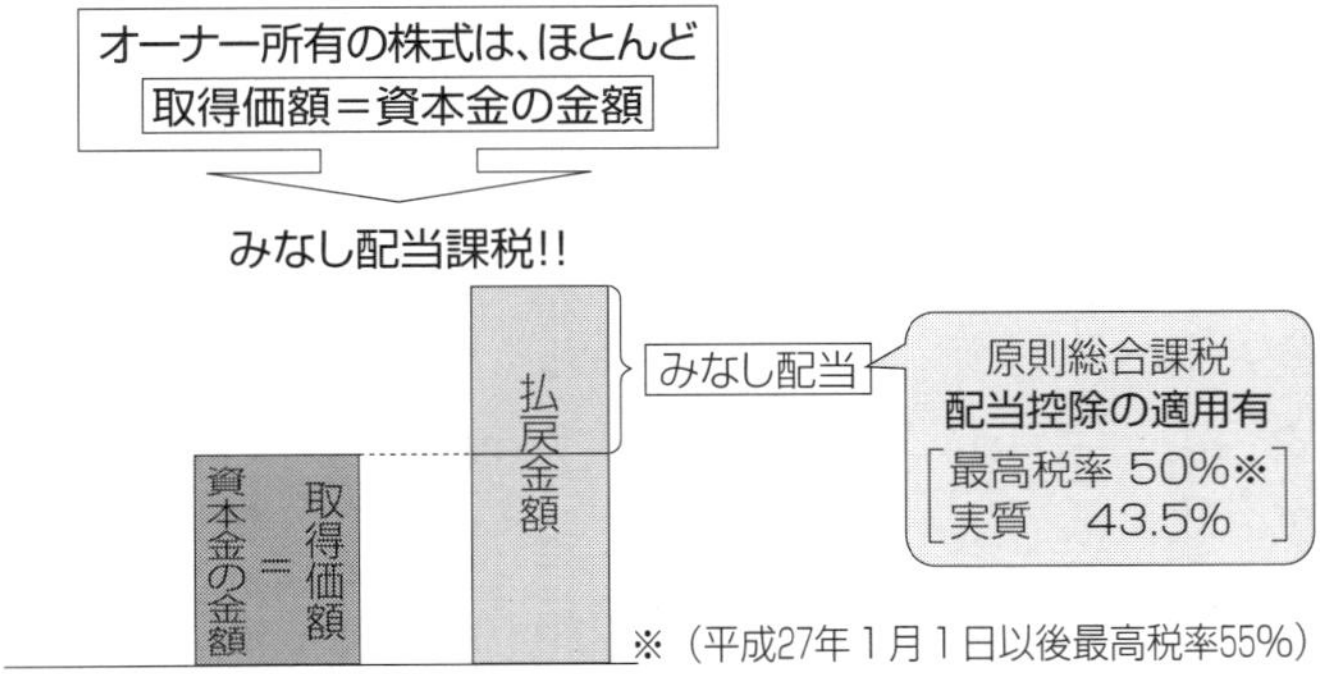

相続等により取得した非上場株式を発行会社に譲渡した場合：
みなし配当課税なし

期間要件 ⇒ 次の期間内に発行会社に譲渡すること

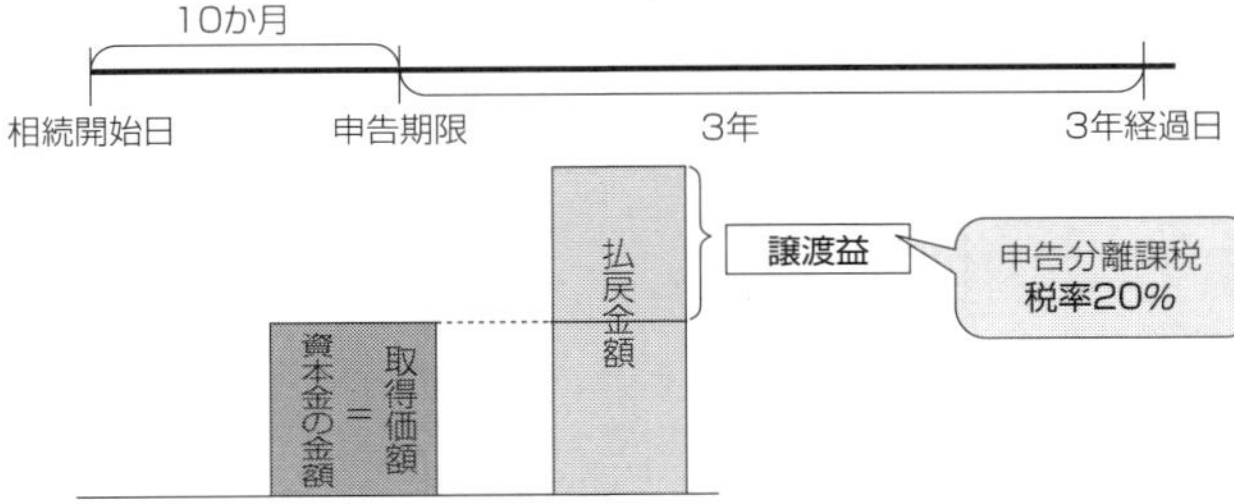

たとえば、稲葉社長のようにすでに役員報酬により高額所得がある場合には、自己株式として買い取ってもらうと、配当控除があるといっても50％前後の思わぬ税負担に驚くことにもなりかねません。自己株式の買取りには、株主の税負担にも注意したいものです。」

「西園寺先生、せっかく株式を買い取ってもらったにもかかわらず、半分近くの税金がかかるなんて、相続税が払えないじゃありませんか。何かいい方法はないのですか？」

稲葉社長の次から次への無理難題に、西園寺税理士は東山弁護士と顔を見合わせて、思わず笑い出しました。

「もう、稲葉社長はせっかちですね。ご安心ください。相続した株式に限り、会社法と同じく税法においても特例があります。

非上場会社のオーナーに相続が発生すると、相続人は非上場株式に課された相続税の納税資金に苦慮するところです。そこで、相続人が相続した非上場株式を発行会社に買い取ってもらうことにより、相続税の納税資金を手当てしているケースが時々見受けられます。

ところが、このような自己株式の買取りが先程の説明のように「みなし配当」となり総合課税で課税されると、多額の払戻しの場合には思わぬ所得税等の負担で相続税が払えなくなってしまうことも考えられます。

そこで、相続により取得した非上場株式を相続税の申告期限から3年以内に発行会社に譲渡した場合に限り、みなし配当課税ではなく「譲渡所得課税」とみなされ、払戻金額から取得価額を控除した譲渡利益に対して、所得税に復興特別所得税を併せた15・315%に住民税5%をプラスして、一律20・315%の税率で課税されることになっているのです。

さらにこの場合、譲渡した株式に係る相続税を取得費に加算できる

自社株式の場合

$$\text{取得費加算額}=\frac{\text{その相続人が譲渡した相続自社株式の相続税評価額}}{\text{その相続人の相続税の課税価格＋債務控除額}}$$

「相続財産を譲渡した場合の譲渡所得の取得費加算の特例」を適用できることとなっています。

よって、相続税の申告期限から3年以内に、相続により取得した非上場株式を自己株式として買い取ってもらう方法は、有利に納税資金を確保できるビッグな対策といえるでしょう。ただし、譲渡者が相続税を払っていることがこの特例を利用できる条件ですのでご注意ください。」

稲葉社長は、西園寺税理士と東山弁護士から耳寄りな話を聞き大満足です。子どもたちが相続等で取得した株式会社京都システムの株式を、他の人に遠慮なく発行会社に買い取ってもらえる方法があるのですから、相続で自己株式を現金化して相続税の納税資金に充てるというプランは、税金の特例も併せるとベストチャンスだなとすっかり納得しました。

西園寺税理士は説明を続けます。

「会社法では自己株式の有償取得も「剰余金の分配」とされており、分配可能額の範囲でしか自己株式を買い取ることができないので、こちらも注意しておいてくださいね。

よって、このように買い取ることが法的に認められたとしても、資金がなければ買い取れません。そこで、相続発生後の自己株式を買い取るための資金として、解約返戻金の高い生命保険金や終身型生命保険金で資金を用意しておくなど、しっかり考えて資金準備対策を打っておかなければ、結果として買い取ることができなくなるのです。」

「それはそうですね、西園寺先生。その資金の確保についてはこれからいろいろ相談に乗ってくださいね。」

事業再編

稲葉社長は、今度は会社の将来について質問することにしました。

「相続税の納税資金の問題はなんとか解決できそうに思えてきましたが、3人の子どもたちのうち1人が会社全体のリーダーになるのは、性格的に少し難しいと思います。

そこで会社法や税制をうまく活用して、株式交換・株式移転等の会社分割や営業譲渡等を実施して、今後の会社の運営を多角的に考えていきたいと思います。ただ、会社の承継のみならず相続税のことも非常に心配なので、これらの会社の組織再編をするにあたり、税金効果も重要視して検討するつもりです。両先生、これらを考えるにあたり、いろいろな方法や、そのメリット・デメリットを教えてください。」

東山弁護士は西園寺税理士とうなずき合いながら話し始めました。

「現在は、純粋に株式を所有するだけの持株会社の存在が認められているほか、株式交換・株式移転・会社分割についてさまざまな手法が認められており、企業再編手法の充実が図られています。

これらの制度は、主に上場会社の組織再編を法律の面から支援するために導入されたものですが、中小企業でも税金や会社の承継の対策に大いに活かすことができると考えられます。

株式交換・株式移転いずれの手法も、持株会社方式によるグループ形成を容易にするための制度です。「株式交換」とは、既存の複数の会社が株式交換契約を締結することによって、一方の会社が他方の会社の100％親会社になる手法です。

これに対し「株式移転」とは、既存会社が新たに親会社となる会社を設立し、その新設親会社の100％子会社になるための手法です。具体

〈株式交換〉

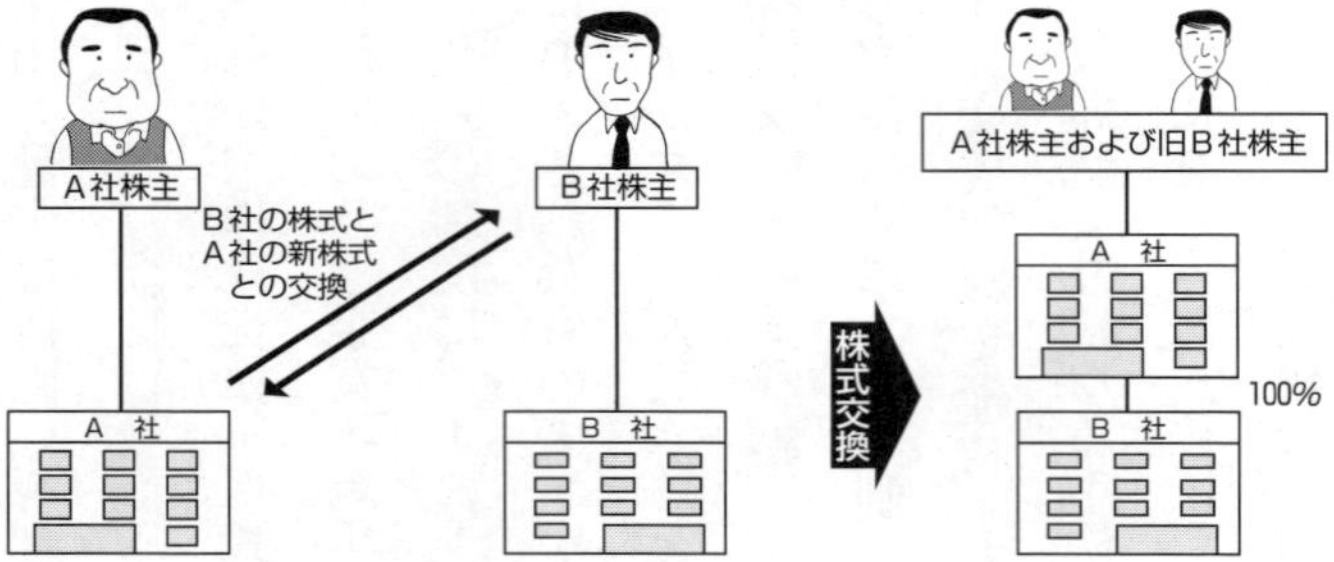

〈株式移転〉

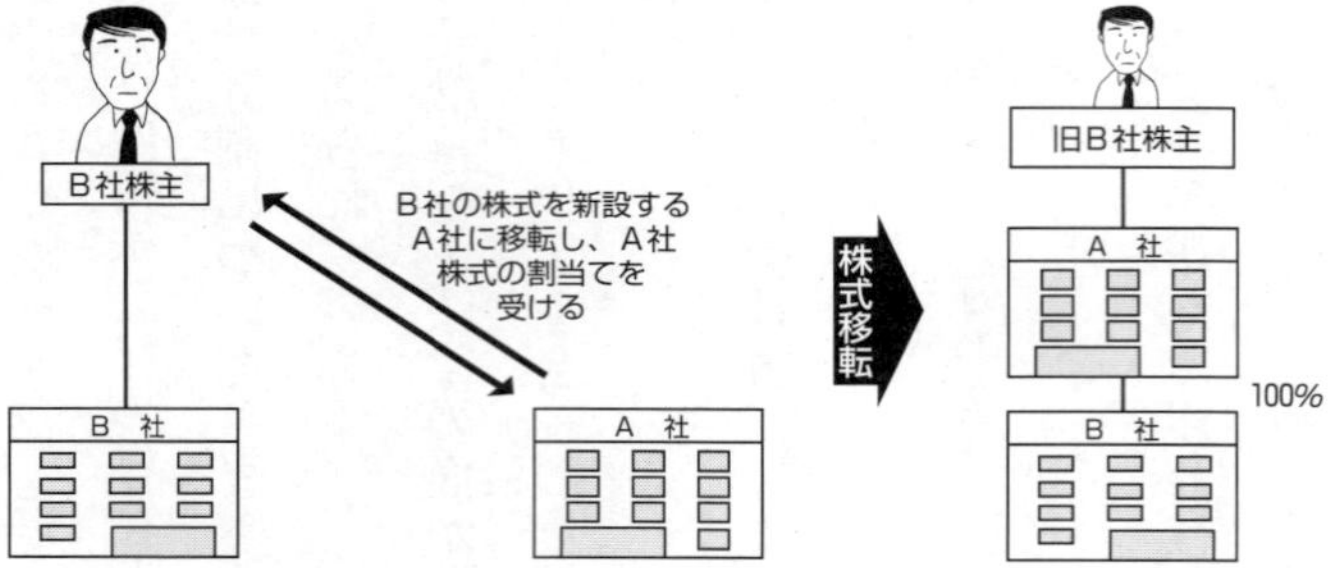

（出典：清文社「平成25年９月改訂　成功する事業承継Q&A　P225」）

的には、既存会社の株主が保有するすべての株式を新たに設立する会社(完全親会社となる会社)の株式と交換するのです。西園寺先生の著書の224ページをご覧ください。」

「東山先生のお話に加えてこの図を見るとよく理解できました。ありがとうございます。」

「じゃあ稲葉社長、その次のページを見ながら会社分割の話を聞いてください。

会社分割は、会社の一部の部門を分離して新たに会社を設立したり、他社の一部門を容易に吸収できる手法で、「新設分割」と「吸収分割」という2つの方法があります。分割については、分社型分割のみとなっていますが、「分社型分割＋株式の配当」という方法を採れば、実質的には「分割型分割(人的分割)」と同様の組織再編をすることができます。

〈会社分割の 3 つのパターン〉

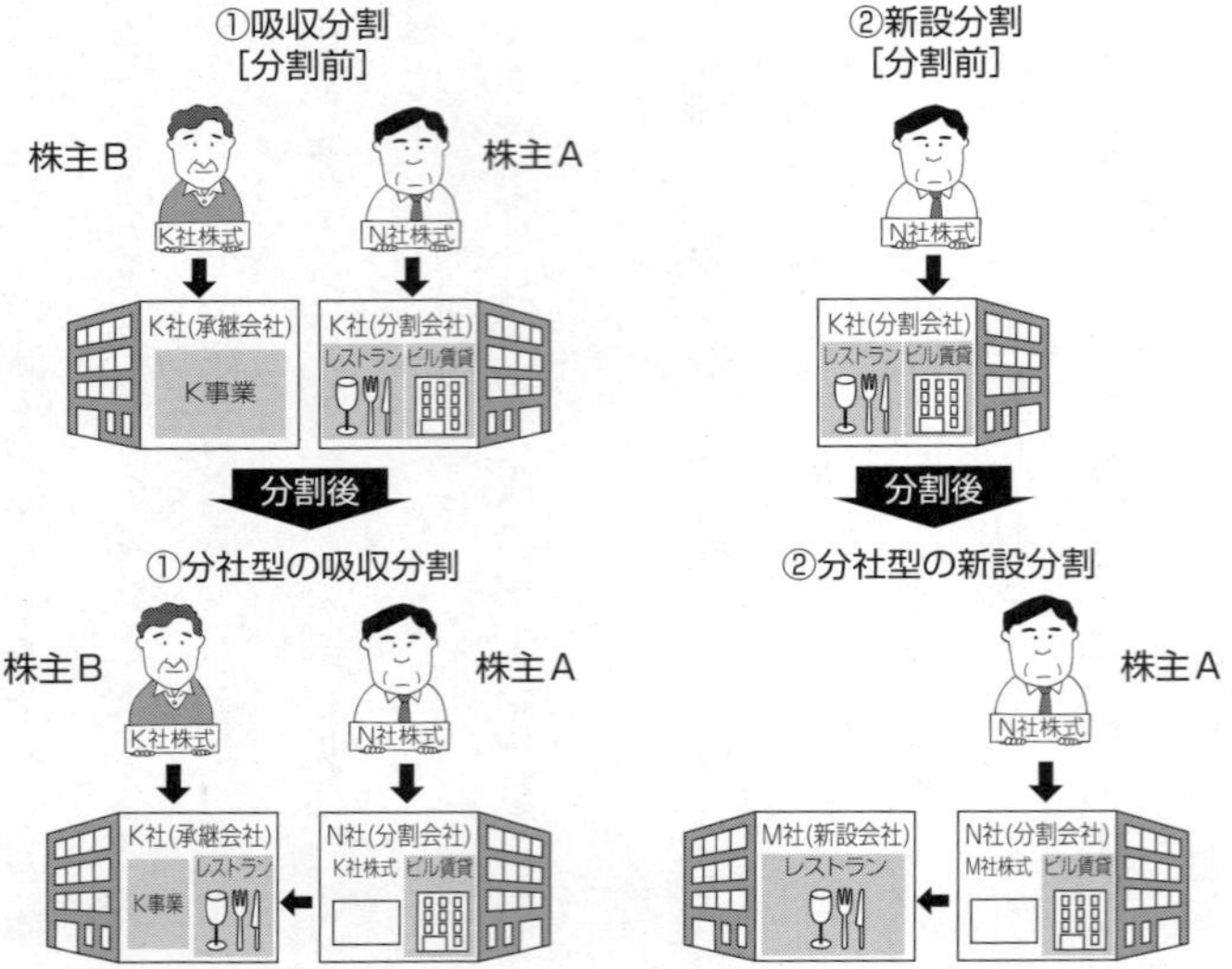

③「分社型分割＋剰余金配当」（分割型分割）

従前

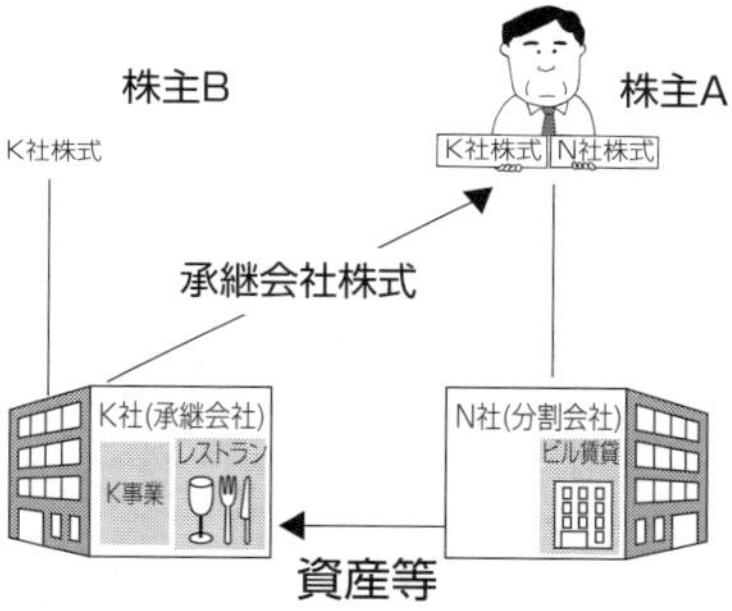

会社法（H18.5.1～）

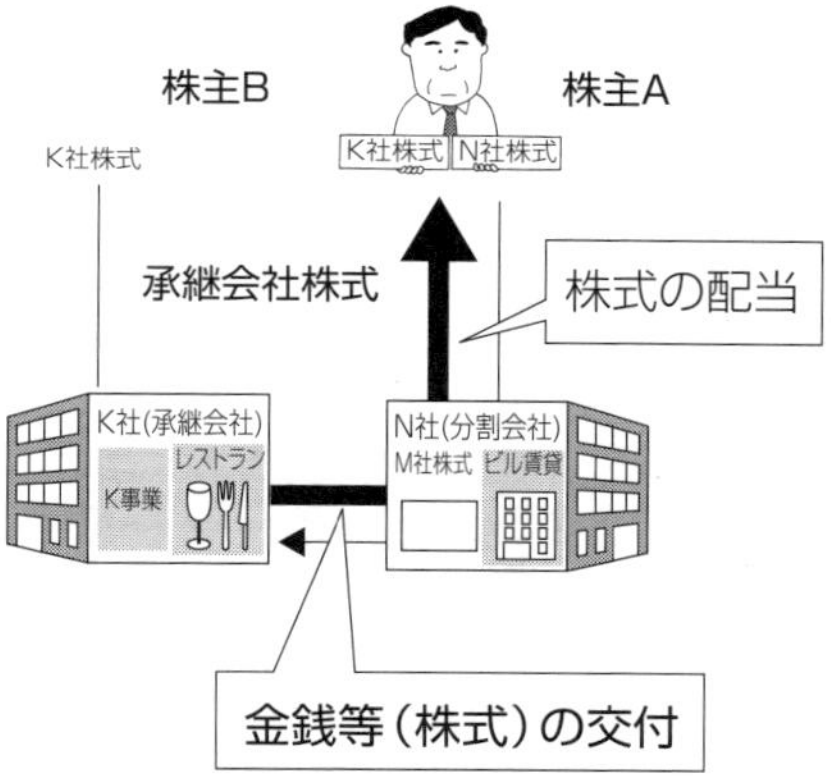

（出典：清文社「平成25年 9 月改訂　成功する事業承継Ｑ＆Ａ　P226」）

このように、会社分割とひと口にいっても、さまざまなパターンが考えられることになりました。」

「そうなんですか。東山先生、図表で見ると簡単にわかるのですが、実際の手続は大変なんでしょうね。西園寺先生、課税上の取扱いについてはどうなっているのですか？」

「今、東山先生が教えてくださったような再編を行うと資産を移転することになりますが、これらの移転のすべてについて譲渡として課税されてしまうと、税負担のために企業再編ができなくなることが考えられます。したがって、税法では一定の要件を満たす再編については、資産が移転しても、税金をかけず課税の繰延べができるなどの優遇措置が定められています。その本の227ページを開いてください。優遇措置の一部をまとめておりますので、またわからないことがあれば聞いてくださいね。」

〈税制適格事業再編の概要〉

<table>
<tr><th colspan="2" rowspan="2">再編手法
項目</th><th rowspan="2">適格合併</th><th colspan="2">適格分割</th></tr>
<tr><th>分割型</th><th>分社型</th></tr>
<tr><td colspan="2">移転資産等の譲渡損益</td><td colspan="3">譲渡損益の計上繰延べ</td></tr>
<tr><td colspan="2">利益積立金の引継ぎ</td><td colspan="2">引継ぎ可</td><td>引継ぎ不可</td></tr>
<tr><td colspan="2">棚卸資産の評価</td><td>被合併法人における取得価額を引き継ぐ</td><td>分割法人における取得価額を引き継ぐ</td><td>——</td></tr>
<tr><td rowspan="3">減価償却</td><td>取得価額</td><td colspan="3">被合併法人等における償却限度額の計算の基礎とすべき取得価額を引き継ぐ</td></tr>
<tr><td>減価償却超過額</td><td colspan="3">被合併法人等における減価償却超過額を引き継ぐ</td></tr>
<tr><td>特別償却不足額</td><td colspan="3">被合併法人等の適格合併等の日を含む事業年度の不足額があるときは、これを引き継ぐ</td></tr>
<tr><td colspan="2">繰延資産</td><td colspan="3">移転する資産と密接な関連を有するなど一定の繰延資産を引き継ぐ</td></tr>
<tr><td colspan="2">貸倒引当金</td><td colspan="2">個別評価のもの…可
一括評価のもの…可</td><td>引き継いだ個別評価のもの……可
引き継いだ一括評価のもの……不可</td></tr>
<tr><td colspan="2">青色欠損金の繰越控除</td><td>適格合併の日前５年以内に開始した各事業年度において生じた未処理欠損金額を引き継ぐ</td><td>合併類似適格分割型分割（※）の日前５年以内に開始した各事業年度において生じた未処理欠損金額を引き継ぐ</td><td>引継ぎ不可</td></tr>
</table>

※　合併類似適格分割型分割　⇒　次の要件すべてを満たすもの

①　主要な事業が承継法人で継続されることが見込まれること

②　分割法人の資産・負債全部が移転すること

③　分割法人が、分割後直ちに解散することが株主総会等で決議されていること

営業譲渡方式による新設会社の設立

稲葉社長は、何とか株価が上がらない方法があるか尋ねることにしました。

「おふたりに教えていただいたおかげで、持ち株会社を作る方法や、会社を分割して子どもたちそれぞれに会社を承継していく方法がある程度わかりました。

でも、会社が発展すればするほど自社株式の評価が上がることは、これらの方法では防げないと思います。どうしたらいいのでしょうか？」

西園寺税理士は深くうなずきながら提案を続けます。

「非上場株式の場合、非常に好業績になると利益が上がり、内部に資産も蓄積しますので、その株式等の価値がどんどん上がっていき、結果

〈抜け殻方式〉

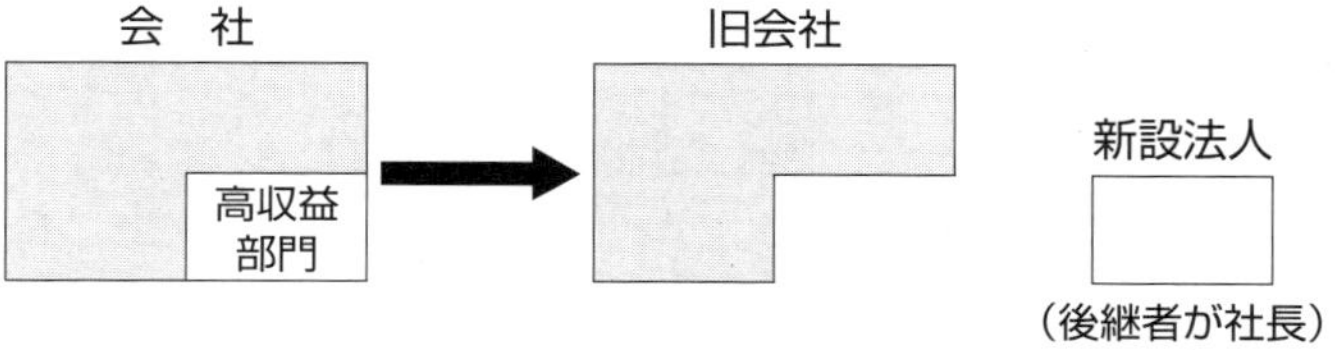

（イ）後継者が新会社を設立し、後継者が新会社の社長に就任する
（ロ）高収益部門を新会社に営業譲渡する
（ハ）旧会社は、収益性が低くなる

としてオーナー社長の相続税などに大きく影響することになります。特に類似業種比準価額による評価では、「利益」は株価に対して、「配当」「純資産」に比べて3倍の影響力を持っています。したがって、後継者への会社の承継と相続対策を考える場合、高収益部門を分社してしまえば、今後の相続税評価額の上昇を抑える効果が大きいといえます。

先ほどの本の228ページを開いてください。『抜け殻方式』といわれる手法が説明してあります。この方法によれば、今後の高収益部門から得られる収益は新設会社に計上され、今後の利益は新会社に帰属し蓄積しますので、高収益部門を生前に事業承継した形になります。また、既存会社は収益性が小さくなり株価上昇が鈍化しますので、今後の株価の上昇を心配しなくてすむようになるでしょう。」

「そういえば、私の知っている社長も何人か新会社を設立して子どもを社長にし、付加価値の高い部門を承継させていましたが、この方法だったのですね。なるほど、この方法なら今後の自社株式の上昇の心配はいりませんね。でも、現在の株価を引き下げることはできませんが、もうひと押し何かいい方法はございませんか？」

稲葉社長の貪欲な質問に、だからこそ株式会社京都システムはこんなに発展したのだなと西園寺税理士は感心しました。

「では、この営業譲渡に伴い、旧会社から新設法人へ従業員を移籍させれば、その従業員はいったん旧会社を退職することになります。退職金を打切り支給すれば、会社の利益が大きく圧縮され、資産が流出することによって純資産が小さくなるため旧会社の株価は下がります。一方、新設会社においては退職金制度のない新たな報酬制度を導入すれば、将来の退職金債務の問題も解決できますので、非常に有効な手段といえるでしょう。」

との説明に稲葉社長は大きくうなずいています。

西園寺税理士の説明は続きます。

「『会社分割』の方法は簡便ですが、この手法では株主が持つ株式の価値には変動がなく、将来の株価の値上がりを抑えることにもなりませんので、相続税対策には活用しにくいと考えられます。

原則として、新会社に資産を移すと「譲渡」になり法人税がかかってしまいますが、双方の会社が100%の親族会社に該当する場合には、グループ法人税制の対象となり法人税はかかりません。これらをいろいろ考慮し、もし資産等を移転することにより会社の株価が上昇するような場合には、資産は旧会社が保有し続け新会社に賃貸する形にしておくべきでしょう。不動産を賃貸すれば、土地は貸家建付地、建物は貸家評価になり、結果として旧会社の純資産価額が下がることになります。

したがって、抜け殻方式は旧会社の高収益部門を会社分割するのではなく、新会社に譲渡する「営業譲渡」の方式が有効といえます。ただし、この対策は営業譲渡にかかる営業権（のれん代）をどう捉えるかという税務上の問題点がありますね。」

稲葉社長は、〃これはいい話を聞いた。ぜひ今、株式会社京都システムの一番の稼ぎ頭であるソフトウェア開発部門を、長男に出資させた新会社に営業譲渡しよう〃と思い立ちました。

「西園寺先生、早速その方法を実行したいと思いますので、また来月にゆっくり相談に乗ってください。」

と依頼しました。

持株会社の設立

稲葉社長は、持株会社を設立する案はどうなんだろうと聞いてみることにしました。
「実は、長男の晴彦にその新設会社を承継させようとは思うのですが、経理を担当してくれている長女の圭子と総務・人事を担当してくれている次男の隆はシステムの開発には向かないと思いますので、グループ全体の間接部門の統括を任せたいと思っています。よくある持ち株会社についていろいろ教えてください。」
東山弁護士が
「同じ会社に業種の異なる事業が複数あると、共通部門を1つにして間接経費を少なくできるメリットもありますが、規模だけ拡大して収益が小さくなることも起こり得ます。また、業界の性質や取引形態などの違いに合わせた雇用形態にするなど、それぞれの事業をその特性に応じた体制で経営する方が効率的な場合が多いでしょう。そこで、そのような会社のケースでは、それぞれ異なる事業を分割して別会社にし、個々の会社が効率化を図った経営を行うことを検討する必要もあるでしょう。」

と説明してくれ、西園寺税理士がそれを引き継ぎます。

「経営に従事しない株主と事業経営者を明確に区分し、持株会社でコントロールする方法も考えられます。会社法の下では株式交換・株式移転だけでなく会社分割もでき、持株会社創設にさまざまな手法がありますす。

先ほどの本の234ページを開いてください。そこに書いてあるように、社内部門を分割して持株会社を設立します。株式会社京都システム

〈会社分割による持株会社の創設〉

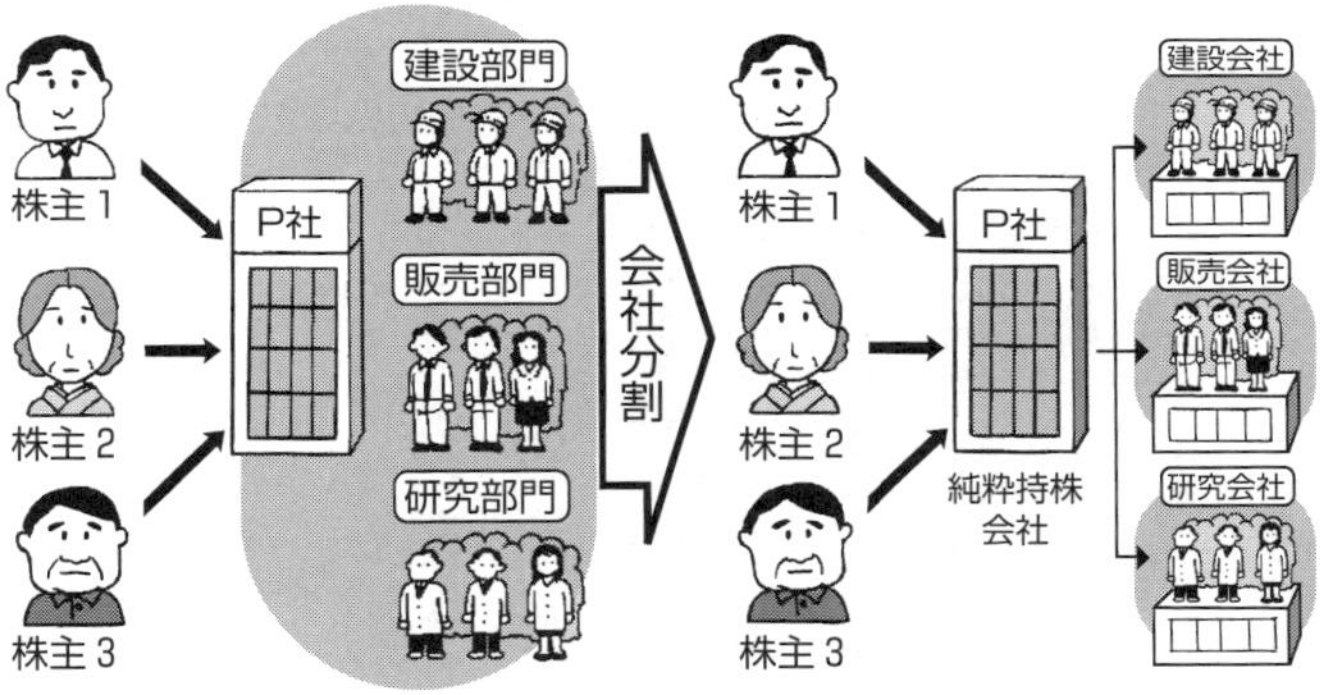

（出典：清文社「平成25年９月改訂　成功する事業承継Ｑ＆Ａ　P235」）

について、分社型の新設分割を行い、開発・研究、販売、デザイン・広告の３つの事業部門として完全子会社である開発・研究会社、販売会社、デザイン企画会社に分社し、自らは純粋持株会社になります。このため分割後の課税関係は、分割法人と分割承継法人とが１００％の持分関係である税制適格分割となります。」

「いや、西園寺先生、先生の本を見ているとよくわかるのですが、これを社員に説明するのは難しいですね。」

という稲葉社長のつぶやきに
「いえ、稲葉社長、まだまだです。相続税対策も必要とされるならもう一工夫できますよ。

一般的に純粋持株会社は保有する資産が株式だけであるため、株式保有特定会社になり、純資産価額のみで評価されますので、相続税評価額は持株会社を創設しても変化はありません。

持株会社が株式保有特定会社に該当しなくなると、会社の規模区分に応じて純資産価額だけでなく類似業種比準価額も株価の算定に織り込むことができ、相続税対策となるのです。純粋持株会社に社有不動産等を持たせてはいかがでしょうか。大きく相続税が下がりますよ。

ただし、企業再編税制には租税回避防止規定が設けられていますので、節税のためではなく事業の将来のために持株会社を設立することこそが、最善の会社の承継対策といえるでしょう。」

稲葉社長は、西園寺税理士と東山弁護士の提案に感服しています。しかし、まだ悩みがあるのでさらに相談することにしました。

合併を賢く活用する

「おかげさまで、会社分割の方法が大まかにはわかりました。

実は京都システムグループには、かつて新規事業に取り組んだけれど今後の成長が見込まれない子会社や関連会社がいくつかあるのですが、それらの会社を使って相続税対策をすることはできないでしょうか？」

と稲葉社長は西園寺税理士に問いかけました。

「取引相場のない株式の評価方法は、原則的な評価の場合、会社規模が大きくなるほど類似業種比準価額を加味する割合が大きくなります。類似業種比準価額の方が純資産価額より低い評価である場合には、会社規模を大きくすることで株価を下げることができます。

会社規模は、「従業員数」「総資産価額（帳簿価額）」「取引価額」で判断しますので、これらを大きくすることを考えればいいことになります。合併をうまく活用できれば、3要素いずれも大きくなることが多いと考えられますので、それらの赤字会社を合併することは、効果的な対策になるかもしれません。」

「それはいい方法ですね。これも早速検討したいと思いますが、税法上の問題点はありませんか？」

「税法では、一定の要件を満たす合併については、先程ご説明したように税制上の優遇措置が認められています。もう一度、書籍の227ページ（本書277ページ）でご確認ください。適格合併に該当するかどうかは、適格分割の判定と同じです。

グループ会社の中に赤字会社がある場合、その会社を黒字会社が吸収することで、株式の評価額が下がったり、法人税が減少することがあります。ただ、むやみに合併すると租税回避であると疑われる可能性がありますので、合併する合理性があるかをよく検討する必要があります。

また、かつては債務超過会社を被合併会社とする合併はできませんでしたが、今では、取締役が合併承認株主総会でその旨を説明すれば、債務超過会社の吸収合併が認められています。ただし、合併に際しては、株主総会の特別決議が必要です。

要件を充足した上で債務超過会社を吸収することになれば、法人税節税の効果とともに、株式会社京都システムの株価を引き下げることにもなります。」

〈赤字会社を吸収する効果〉

① 株価を下げる

（イ）利益の縮小化

赤字会社を吸収することで収益性が減少 ⇒ 利益縮小

（ロ）純資産の圧縮

赤字が累積した会社＝負債が大きい ⇒ 純資産圧縮

（ハ）総資産・従業員数・売上高の増加

会社規模が拡大 ⇒ 類似業種比準価額を加味する割合増大

⇩

株価下落

② 法人税減少

（イ）収益減少による法人税軽減

赤字会社を吸収することで収益性が減少 ⇒ 利益縮小

（ロ）「適格合併」で一定の場合、『繰越青色欠損金』の引継ぎ可

⇩

法人税減少

稲葉社長は、西園寺税理士と東山弁護士の自己株式の買取りや事業再編の話を聞き、非常に勉強になりました。今まで法律や税金の専門的な知識を身につける努力をしてこなかったため、随分といろいろな面で回り道をしたような気がします。

長男の晴彦にはこれからもシステムの開発・研究に邁進するよう指示するとともに、長女の圭子と次男の隆と自分の3人で東山弁護士と西園寺税理士を先生として、もっともっと法律や税金を勉強していかなくてはと思いました。そして、株式会社京都システムの将来のビジョンを明確にした上で、法律上どのように確立していったらいいのか東山弁護士に相談することにしました。また、そのための資金の確保、ビジョンを実行するための組織再編、及び相続や贈与に伴う税金の節税等も考えた実行方法を、西園寺税理士に提案してもらうのがベストであると実感しました。

稲葉社長は2人の先生にこれからも毎月このような会議を開き、株式会社京都システムの未来を創っていくためにご協力願いたい旨を伝えたところ、2人は立派な会社を作るお手伝いができるのはとても嬉しいと快諾してくれました。すっかりご機嫌になった3人は、意気軒昂に祇園へ繰り出していき、その日は夜遅くまで株式会社京都システムの未来について語り合いました。

ポイント

① 自己株式買取りや合併・営業譲渡等は株主総会の特別決議（3分の2以上の賛成）が必要
② 自己株買いは他の株主も売り主に追加請求でき、かつみなし配当として課税されるので要注意
③ 相続株の自己株買いに限り、他の株主は買取請求できず、税法上も譲渡として取り扱われる
④ 株式移転や株式交換による組織再編については、一定要件の下、課税されない
⑤ 営業譲渡による高収益部門の新設会社設立は、今後の自社株評価の上昇を妨げる
⑥ 持株会社設立や合併によって、株式の相続税評価が下がり、相続税が減少することもある

〔著者プロフィール〕

税理士　坪多《つぼた》　晶子《あきこ》

略　歴：神戸商科大学卒業。1990年坪多税理士事務所設立。1990年有限会社トータルマネジメントブレーン設立、代表取締役に就任。2012年税理士法人トータルマネジメントブレーン設立、代表社員に就任。現在、相続対策・事業承継・不動産有効活用を手がけるほか、クライアントの立場に立ったファイナンシャル・プランニングによる活動を数多く実施中。また、多数の講演会・研修会や各種税務に関する本の執筆活動を行い、わかりやすく明快な解説には定評がある。

著　書：『これで解決！相続＆相続税　プロが贈る８の処方箋』（共著・清文社）、『成功する事業承継Ｑ＆Ａ』（清文社）、『Ｑ＆Ａ105新時代の生前贈与と税務』（ぎょうせい）、『生前から備える財産承継・遺言書マニュアル』（共著・ぎょうせい）、『Ｑ＆Ａ病院・診療所の相続・承継をめぐる法務と税務』（共著・新日本法規出版）、『これで解決！困った老朽貸家・貸地問題』（共著・清文社）、『平成26年度すぐわかるよくわかる税制改正のポイント』（共著・TKC出版）、他多数

主宰会社：税理士法人トータルマネジメントブレーン
有限会社トータルマネジメントブレーン
（大阪本部）〒530-0045　大阪市北区天神西町５-17　アクティ南森町６階
TEL 06-6361-8301　FAX 06-6361-8302
（東京支店）〒103-0025　東京都中央区日本橋茅場町１-２-14
日本ビルディング３号館３階
TEL 03-6231-1576　FAX 03-6231-1577
メールアドレス tmb@tkcnf.or.jp
ホームページ http://www.tsubota-tmb.co.jp

弁護士　江口《えぐち》　正夫《まさお》

略　歴：東京大学法学部卒業。弁護士（東京弁護士会所属）。最高裁判所司法研修所弁護教官室所付、日本弁護士連合会代議員、東京弁護士会常議員、民事訴訟法改正問題特別委員会副委員長、（旧）建設省委託貸家業務合理化方策検討委員会委員、（旧）建設省委託賃貸住宅リフォーム促進方策検討委員会作業部会委員、NHK文化センター専任講師、不動産流通促進協議会講師、東京商工会議所講師等を歴任。⑲日本賃貸住宅管理協会理事。

著　書：『これで解決！　相続＆相続税　プロが贈る８の処方箋』、『これで解決！困った老朽貸家・貸地問題』『経営承継円滑化法でこう変わる！　新時代の事業承継』（共著・清文社）、『企業責任の法律実務』（共著・新日本法規出版）、『大改正借地借家法Ｑ＆Ａ』（監修・にじゅういち出版）、他多数

事務所：海谷・江口・池田法律事務所
〒100-0006　東京都千代田区有楽町１-10-１　有楽町ビル４階424区
TEL 03-3211-8086　FAX 03-3216-6909
Email eguchilo@sepia.ocn.ne.jp

これで解決《かいけつ》！
会社《かいしゃ》の承継《しょうけい》＆相続税《そうぞくぜい》　プロが贈《おく》る７の処方箋《しょほうせん》

2014年２月28日　初版発行

著　者　坪多《つぼた》　晶子《あきこ》／江口《えぐち》　正夫《まさお》 ©

発行者　小泉　定裕

発行所　株式会社　清文社

東京都千代田区内神田1－6－6（MIFビル）
〒101-0047　電話 03(6273)7946　FAX 03(3518)0299
大阪市北区天神橋２丁目北2－6（大和南森町ビル）
〒530-0041　電話 06(6135)4050　FAX 06(6135)4059
URL http://www.skattsei.co.jp/

印刷：亜細亜印刷㈱

■本書の内容に関するお問い合わせは編集部までFAX（06-6135-4056）でお願いします。
＊本書の追録情報等は、当社ホームページ（http://www.skattsei.co.jp/）をご覧ください。

ISBN978-4-433-52653-5